# LA MODE RACONTÉE
# À CEUX QUI LA PORTENT

MARIE-PIERRE LANNELONGUE

# LA MODE RACONTÉE
# À CEUX QUI LA PORTENT

**HACHETTE**
**Littératures**

Ouvrage publié sous la direction de Michèle Fitoussi

© Hachette Littératures, 2004.

À Fabrice et Alphonse.
À la mémoire de Gauthier Gallet.

Merci à Véronique Philipponnat pour sa présence, son soutien, ses conseils et son regard, aussi acéré que « judicieux ».

Merci à Catherine Rousso pour sa culture de la mode et la générosité avec laquelle elle la partage.

Et merci, évidemment, à Michèle Fitoussi d'avoir aidé à la conception et la naissance de ce livre.

« La copie ne tue pas l'original. »
Gabrielle Chanel

# Avant-propos

Rien n'est plus démodé que les prophéties. Ça vous a un petit côté Nostradamus que même Paco Rabanne trouverait hors de propos... Risquons-nous tout de même à celle-ci : les années 2000 seront les années mode. Car les mille et une choses qui font le cirque de la mode – les chiffons, les marques, les mannequins, les créateurs – tiennent, de nos jours, le haut du pavé. La couture, le chic, le style, la tendance, les colifichets – appelez cela comme vous voudrez – sont partout. En ouverture du journal de 20 heures et dans les colonnes des magazines, à la rubrique économie des journaux comme dans les pages style, sur le tapis rouge du festival de Cannes et dans les bus, le métro, les cités, les centres commerciaux, toutes les rues de toutes les villes. Nul n'est censé, aujourd'hui, ignorer la loi du style, la tendance du moment, le nom du créateur qui officie chez Christian Dior ou de celui qui a habillé Johnny Hallyday pour sa série de concerts anniversaires (Jean Paul Gaultier)... Dans les années 1980, les sociologues disaient que l'Occident vivait une dictature du look. Il semble que la situation perdure, mais que la mode soit devenue un domaine beaucoup plus riche et vaste

*La mode racontée à ceux qui la portent*

qu'une simple question d'allure. On y parle chiffons et business. Il y en a, en quelque sorte, pour tous les goûts.

C'est que, en une décennie, la mode est devenue une industrie comme les autres, mondialisée donc organisée, tenue par des mégafirmes capables d'opérer sur tous les continents et de brasser des montagnes d'argent. Même la mode luxueuse, donc très chère, a attiré à elle à partir des années 1990 des clients de plus en plus nombreux. Nous sortions de la guerre du Golfe et l'économie, qui s'était fait des frayeurs, s'est tout à coup remise à goûter, avec délices, aux charmes de l'euphorie. Ce fut la ruée sur les sacs griffés et les parfums de prix, les gadgets à logo et les petits hauts pas chers qui ne durent que l'espace d'une saison ! Le phénomène a pris une telle ampleur que le public s'est familiarisé avec d'autres noms que ceux des couturiers, d'autres sigles que ceux des maisons... Bienvenue à Bernard Arnault et à LVMH (Louis Vuitton Moët Hennessy), le numéro un mondial du luxe qui possède un portefeuille de marques prestigieuses dont Christian Dior, Louis Vuitton, le champagne Moët et Chandon ou les parfums Guerlain pour ne citer qu'eux ! Bienvenue à François Pinault, le patron de la Fnac et de la Redoute, à la tête du groupe PPR (Pinault Printemps Redoute) qui, en quelques mois à peine, est devenu un poids lourd du milieu en prenant le contrôle du Gucci Group. Voici venir une nouvelle race de créateurs, Tom Ford, Miuccia Prada, John Galliano ou Marc Jacobs ! Vive H&M (Hennes et Mauritz), Zara ou Mango, des marques mastodontes, présentes dans le monde entier et qui débitent de la mode à petits prix !

Tout le monde, ou quasi, s'est familiarisé avec cet uni-

*Avant-propos*

vers – les riches et les pas très fortunés, les vieux et les tout jeunes, les femmes et les hommes... C'est à eux que ce livre s'adresse. Car ils sentent bien que, lorsqu'ils passent à la caisse, la vendeuse ne glisse pas seulement dans leur sac une veste ou un pantalon, une besace ou une ceinture, mais bien tout un système. Il s'agit donc de les prendre par la main pour les faire passer derrière la caisse et les accompagner en coulisses. Ceux qui sont à la recherche de révélations scabreuses sur les mœurs dissolues d'un milieu, sur les turpitudes d'un univers impitoyable entre mannequins paumés et créateurs fantasques peuvent refermer cet ouvrage : il ne s'agit pas ici d'alimenter les fantasmes sur un monde qui n'est ni plus ni moins « pourri » que d'autres mais où, c'est certain, on s'amuse et on se passionne bien plus qu'ailleurs. Ceux qui espèrent être éclairés sur les manœuvres boursières des grands groupes et les tractations secrètes qui accompagnent les rachats des maisons sont invités à s'abonner à la presse financière : il faut bien un quotidien pour suivre les multiples rebondissements des affaires du luxe... qui finissent même par lasser les plus pointus des observateurs.

Ceux qui, en revanche, aiment la mode sont invités à prendre place. Nous allons tenter de leur raconter comment elle se fabrique aujourd'hui. Et, c'est promis, il y aura quand même quelques turpitudes et pas mal de rebondissements. Car la mode est plus qu'un milieu professionnel. C'est une cour avec ses demi-dieux et ses petites vedettes, ses génies et ses courtisans, ses chevilles ouvrières et ses parasites, ses passions et ses bassesses, ses enjeux stratégiques et ses petites misères. C'est un salon, c'est la cour. C'est Versailles, version mondialisation et gros sous !

Chapitre premier

# Est-ce que la mode a la migraine ?
### Ou
### Prologue : des années folles à la gueule de bois

C'est un de ces endroits dont on a du mal à soupçonner l'existence depuis la rue, un de ces endroits dont la plupart des Parisiens n'auront jamais les clefs. Un jardin, somptueux, caché derrière un des nombreux hôtels particuliers du VII<sup>e</sup> arrondissement. Un long tapis blanc traverse la cour de gravier gris pâle. Dans les pièces parquetées dont les plafonds, couverts de moulures, sont soulignés de lustres monumentaux, on a placé des cubes blancs et des photos à l'abstraite élégance... Une armée de jeunes filles en noir sourient. Dans la cour, une centaine de personnes, des femmes pour la plupart, boivent du champagne que leur servent, sur des plateaux, de grands garçons... en noir. Il fait délicieusement bon. Pour le commun des mortels, la scène est féerique. Pour les convives, elle a tout de banal. Juste une présentation de parfum de plus. Où, dans une débauche de luxe minimaliste, on s'apprête à dévoiler à la presse le flacon de la nouvelle fragrance estampillée Jil

*La mode racontée à ceux qui la portent*

Sander. Le novice ne reconnaît personne. L'habitué aperçoit les stars de la tribu mode. Des stars de proximité, inconnues du grand public mais adulées dans le milieu. Carine Roitfeld, la femme-tige qui préside aux destinées de l'édition française du magazine *Vogue*. Karla Otto, très grande, très chic et très élégante attachée de presse, l'une des plus cotées de sa caste. Alexandre de Bétak, un garçon en noir plus petit que ces dames mais bien plus souriant, qui organise les plus courus des défilés et des événements de ce genre. Sarah, ludion aux cheveux courts comme ceux d'un garçon et âme de la boutique Colette, à qui il serait incongru de demander son nom de famille. Michel Gaubert, un type aux allures de bûcheron, doux comme un agneau en réalité, qui met en musique la plupart des défilés, dont ceux de Karl Lagerfeld chez Chanel... au milieu de ce beau monde se tient une petite dame aux cheveux blonds, en chemise blanche et chaussures d'homme : Jil Sander, créatrice allemande. Elle est là aussi. Normal ? Pas vraiment. C'est même, sauf le respect dû à cette fragrance baptisée « Pure », la seule nouvelle surprenante de la soirée.

**Les coulisses d'un come-back**

Car, à soixante ans tout rond, elle est une revenante... dans sa propre maison. La presse l'a appris quelques jours plus tôt : après trois ans de retraite, Jil Sander reprend les rênes de sa griffe de prêt-à-porter féminin et masculin. Comme toujours, dès qu'un événement secoue le microcosme du chiffon, les couloirs se sont aussitôt mis à bruisser. Dans les restaurants chics du Triangle d'or parisien, entre

*Est-ce que la mode a la migraine ?*

avenue Montaigne et faubourg Saint-Honoré, là où, à l'heure du déjeuner, les vipères de la mode, attachées de presse en total look maison et stylistes juchées sur talons hauts chipotent un sashimi de Saint-Jacques en se racontant les dernières rumeurs, on croit savoir que Patrizio Bertelli, le patron de Prada, le groupe qui contrôle la marque Jil Sander et Jil Sander, elle-même, étaient en discussions depuis des mois. Pour se réconcilier... et négocier le retour de la fondatrice au bercail.

Il s'est passé beaucoup de choses depuis ce jour de janvier 2000 où Jil Sander, véritable héroïne du courant minimaliste, a claqué la porte de ses bureaux de Hambourg. Comme beaucoup de ses confrères, elle a atteint les rivages de la maturité sans avoir tout à fait les moyens de passer à la vitesse supérieure. Il lui manquait l'argent pour ouvrir des boutiques dans les villes stratégiques que sont Paris, New York, Tokyo, Londres ou Milan, et l'infrastructure pour produire une collection d'accessoires. À l'époque, le secteur du luxe se porte comme un charme. Nous sommes à la fin des années 1990 et, à Milan, la maison Prada, qui n'est encore qu'une « simple » marque de luxe, occupe une place de choix dans la cour des grands. Campagnes de pub, défilés, boutiques, lignes d'accessoires, elle a tout. Et elle veut plus. Elle désire être un groupe comme LVMH, avoir sous sa bannière d'autres maisons. Le patron, Patrizio Bertelli, un homme bouillant dont le physique évoque l'aspect robuste d'un paysan, prospecte. L'élégance de Jil Sander qui séduit une petite mais fidèle clientèle de femmes au confortable pouvoir d'achat le convainc. Il fait une offre, ils discutent, elle accepte... Et la voilà qui passe dans le

15

*La mode racontée à ceux qui la portent*

giron du groupe Prada, même si elle conserve, à titre personnel, 15 % du capital de sa maison. Désormais, Prada s'appelle Prada Holding. On entre dans une période où les maisons indépendantes, celles qui n'appartiennent qu'à la famille de leur fondateur, vont disparaître les unes après les autres. Dans un monde où la compétition économique se fait de plus en plus rude, pareille à celle qui règne dans tous les milieux où l'argent a son mot à dire, il leur est difficile de résister aux sirènes de ces conglomérats dont les moyens et la puissance semblent illimités. En avant pour la politique des groupes...

## L'Éric Cantonna de la mode

Mais dans le cas de Jil Sander, cela ne va pas se passer aussi facilement que prévu. Quelques mois seulement après être entrée dans le giron du Prada Holding, elle apprend, à ses dépens, qu'il n'est pas facile d'avoir un « actionnaire majoritaire ». C'est la formule consacrée dans cet élégant milieu où l'on déteste tout ce qui ressemble de près ou de loin à une bataille sanglante. On ne dit donc pas « propriétaire ». De fait, les coulisses de la maison Jil Sander ne sont pas précisément pacifiques. Il faut dire que le signor Bertelli n'est pas homme à s'en tenir au rôle de superviseur. Ce Toscan, fils d'avocat, a commencé sa carrière à la fin des années 1960 en fondant une fabrique de ceintures et de sacs tout en professant des idées d'ultra gauche. Il connaît le produit, il a bâti avec Miuccia l'incroyable réussite de la maison Prada, contrôlant la moindre paire de chaussures qui sortait des usines. Il est loin d'être unique-

*Est-ce que la mode a la migraine ?*

ment un homme de chiffres. Ce n'est pas dans son caractère de rester dans son coin, ni même d'être poli. Tous ceux qui ont eu affaire à lui le savent. Il ne mâche pas ses mots. Jusqu'à l'insulte. C'est un peu l'Éric Cantonna de la mode, à la fois violent et surdoué. Suzie Menkes, critique de mode ultra respectée à l'*International Herald Tribune*, qui règne sur le milieu depuis des décennies, invariablement coiffée d'une invraisemblable houppette, est une de celles qui en ont fait les frais le plus bruyamment. Dès que les choses ont commencé à mal tourner chez Jil Sander et que cela s'est su, Suzie Menkes a eu l'audace dans un de ses articles de mettre en garde sur le danger qu'il y a à faire vivre une marque de mode sans sa fondatrice, son âme. Au défilé suivant, Bertelli l'a littéralement agressée, en hurlant, devant tout le monde. Plus inélégant, plus irrespectueux du professionnalisme de « la » Menkes, on ne fait pas. Fabio Zambernardi, directeur de la création des maisons Prada et Miu Miu, et le plus proche collaborateur du couple Prada-Bertelli l'avoue : « C'est son caractère. Au début, j'étais choqué. J'étais jeune et je n'avais jamais entendu quelqu'un crier contre moi comme ça [...]. Il m'est même arrivé de pleurer[1]. »

Les choses ne tardent donc pas à se gâter chez Jil Sander, d'autant que c'est la première fois que Bertelli arrive dans un endroit où il n'est pas chez lui. Comme on pouvait s'y attendre, il entend dire son mot sur tout, notamment le prix et la qualité des tissus achetés pour la collection à venir. Naturellement tout est toujours trop cher. Il se mur-

---

1. *Pop*, mars 2003.

## La mode racontée à ceux qui la portent

mure aussi qu'il aurait demandé à Sander d'interrompre sa collaboration avec le rédacteur de mode américain Joe Mc Kenna qui aidait depuis des années au stylisme des défilés et des campagnes de publicité. Jil s'emporte, il ne plie pas, elle claque la porte. Fin du premier acte. Pour la remplacer, Bertelli approche un jeune créateur dont le nom, dans ces années-là, commence à valoir de l'or : Hedi Slimane, qui s'est fait connaître chez Yves Saint Laurent Rive Gauche Homme avant de passer dans le giron de Dior dont il crée la ligne masculine. Ce jeune homme italo-tunisien à la beauté souffreteuse de héros romantique du XIXᵉ siècle est la star du moment. Sa mode masculine plaît aux femmes chics. Mais son charisme commence à séduire le milieu dans son ensemble. Encore quelques mois et Karl Lagerfeld, l'homme-fort de chez Chanel, le Kaiser de la mode, entamera un spectaculaire régime pour pouvoir entrer dans les vêtements d'Hedi. Mais Slimane refuse et c'est finalement, à la surprise générale, le tout jeune Milan Vukmirovic qui est nommé. Il n'a jamais dessiné une collection de sa vie. Sa – toute – petite célébrité ne s'étend pas hors du cénacle...

### L'irrésistible ascension de Milan Vukmirovic

Natif de l'ex-Yougoslavie, il a suivi les cours d'une école de mode avant de rencontrer Colette Rousseaux, alors propriétaire de Polo, une boutique dans le Sentier réservée aux grossistes. On a beau être dans le temple de la copie *cheap*, la boutique de Colette a tout d'une grande. Les choix y sont carrément audacieux et la vitrine, qui change souvent, a quelque chose de branché qui tranche singuliè-

*Est-ce que la mode a la migraine ?*

rement. Le Sentier en est tout retourné. Les gens de la mode, la vraie, font parfois le détour pour voir ce qui s'y passe. En 1997, Colette laisse tomber son nom, change de quartier et de fréquentations. L'argent de la vente de Polo servira à monter la boutique de la rue Saint-Honoré[1]. Elle ouvre une boutique éponyme au 213, rue Saint-Honoré, un quartier qui va devenir grâce à elle, l'épicentre de la mode parisienne. Colette, c'est l'échoppe définitive des années « fashion ». À partir de là, les magasins vont s'appeler des *concept stores* et tenter de fonctionner comme des magazines de mode. Chez Colette, on fait des choix, forcément pointus, et on bouscule totalement la physionomie des boutiques habituelles. Un mini-Walkman voisine avec une paire de boucles d'oreilles en argent parce qu'ils se ressemblent, les marques sont classées par couleur sans distinction de prix ou d'élégance et, au rayon chaussures, il y a des baskets Converse et des escarpins Prada. Parce que... ça plaît à Colette. En être, c'est être. C'est cher ou pas. Chic ou pas. Amusant ou absurde. On trouve même des bracelets à un franc que l'on peut s'offrir comme on achète une carte postale après avoir visité un monument. Les objets sont mis en valeur comme des reliques ou des œuvres d'art. Ils sont proprement sacralisés. Le lendemain de l'ouverture, Colette devient une référence, le symbole d'une époque où consommer de la mode devient un sport international. Qui n'a jamais entendu parler de Colette ? Qui n'y a jamais mis les pieds ? Pourtant, Colette et ses acolytes, sa fille Sarah et Milan, refusent les photos et les interviews.

---

1. « L'état des stocks », Loïc Prigent, *Mixt(e)*, février-mars 2003.

*La mode racontée à ceux qui la portent*

Ils deviennent des prénoms célèbres. Ils n'ont jamais investi un centime dans la publicité mais abreuvent les journalistes d'infos sur leurs nouveautés et deviennent en quelques mois les fournisseurs officiels de la plupart des magazines du globe. « En vente chez Colette » devient un label. Peu importe que les chiffres de vente soient classés secret Défense et qu'il soit impossible de prendre l'ampleur réelle du succès de la boutique.

Milan est l'acheteur de chez Colette. Ce qui consiste à décider quelles marques rejoindront les étals du 213, rue Saint-Honoré puis à faire ensuite, dans les collections, le choix des vêtements mis en vente. Dans tous les cas, comme c'est la coutume, il exige des exclusivités et acquiert, à ce titre, un pouvoir considérable. Un petit feuilleton agite même le périmètre du I<sup>er</sup> arrondissement de Paris où se trouvent Colette et sa grande rivale, Maria Luisa, une élégante d'origine sud-américaine dont la maman s'habillait exclusivement en haute couture et qui, dans sa boutique de la rue Cambon, est une découvreuse de créateurs depuis des années. Entre elles, c'est la guéguerre. Lucien Pellat-Finet, styliste de cachemire ultra dispendieux, à qui elle avait donné sa chance, a déserté pour aller chez Colette dès l'ouverture. Depuis, les deux boutiques protègent jalousement leur écurie... Quand on est vendu chez l'une, pas question de l'être chez l'autre. Il y a quelques transfuges, des trahisons pour ainsi dire : la créatrice Martine Sitbon quitte Maria Luisa... pour y revenir au bout d'une poignée de saisons. Au Bar à eaux de chez Colette ou au premier étage du restaurant japonais *Kinugawa*, les deux QG de la tribu mode dans le quartier, on compte les points. Les

*Est-ce que la mode a la migraine ?*

vitrines qui changent toutes les semaines, deviennent de véritables rendez-vous. Pendant les défilés, quand tout le monde de la mode est à Paris, Colette les soigne particulièrement car elle sait que tout ce beau linge va venir les lécher avec avidité. Très vite, entre les maisons, c'est la compétition pour « en être ». Elles sont prêtes à toutes les manœuvres de couloirs pour voir un de leur vêtement « accroché » en devanture durant la période des collections. C'est le signe de la consécration.

Et, pendant ce temps, l'étoile de Milan brille, brille, brille. Les journalistes puis les créateurs s'arrachent ce beau jeune homme pâle, exquis de politesse et qui a un œil certain. Son carnet d'adresses devient conséquent, il est invité partout, il devient une quasi-célébrité. Résultat : quand l'Américain Tom Ford, le directeur artistique de Gucci, arrive chez Yves Saint Laurent Rive Gauche, dont le Gucci Group vient de prendre le contrôle, il confie à Milan le stratégique département des accessoires. Mais les débuts du règne de Tom Ford chez YSL sont chaotiques. Les anciens quittent le navire les uns après les autres, les nouveaux ont du mal à trouver leurs marques. La greffe prend difficilement. Milan, qui affiche désormais une élégance de dandy – chemise blanche et veste de smoking – quitte la maison au bout de quelques mois. Pour atterrir chez Jil Sander. Plus fulgurant comme parcours, on ne connaît pas ! Plus symbolique de la vitesse à laquelle les choses vont dans ces années-là, non plus.

*La mode racontée à ceux qui la portent*

## Du Sander sans Jil ?

Peu importe que Milan se voie confier les clefs d'une maison sans qu'il ait vraiment eu le temps d'apprendre ailleurs. Il est jeune, il est beau, il a contribué au succès de Colette, il a forcément de l'or dans les doigts. Quelques semaines plus tard, pendant la semaine milanaise de la mode, il sort sur le podium tout seul pour saluer un public... dubitatif. Faire du Sander sans Jil est un défi d'autant plus difficile à relever que l'on a si peu d'expérience. Milan Vukmirovic est à la peine. La presse, qui aime pourtant la nouveauté, ne se rue pas. Les acheteurs traditionnels de Jil Sander, qu'ils appartiennent à des grands magasins ou à des boutiques multimarques, sont réticents. Au lendemain même du premier défilé, les rumeurs démarrent : elle va revenir, c'est certain. Mais contre vents et marées, Milan s'accroche. Il dessine les collections, dirige les campagnes de publicité, inaugure un somptueux quartier général à Milan, supervise l'ouverture de deux nouvelles boutiques à Londres et New York, lance « Sensations » le premier parfum de la marque, commence à travailler sur un second. Il mène la politique que Jil Sander rêvait de mener... Trois ans après ses débuts, le chiffre d'affaires et les ventes commencent à frémir.

Mais les tractations entre Jil Sander et Patrizio Bertelli sont déjà engagées dans le plus grand secret. On s'adoucit. Bertelli reconduit pourtant le contrat de Milan Vukmirovic, qui manifeste tout de même son trouble car les bruits courent. Bertelli le rassure, lui demande de rester jusqu'au défilé de l'homme de juillet 2003. Mais quand il arrive à

*Est-ce que la mode a la migraine ?*

Pour donner un ordre de grandeur : on estime qu'elles sont 5 à 10 % dans la grande distribution contre près de 15 à 20 % dans le luxe. C'est dire si le luxe aiguise les appétits. C'est dire si on ne perd plus de temps à gloser. Désormais on agit. Sans pitié.

Pourtant, la situation dans laquelle se trouve le monde du luxe en ce printemps 2003 est tout à fait particulière. Il est en train de traverser ce que beaucoup présentent comme la pire période économique de son histoire. Et il a franchement la gueule de bois car il vient de connaître ses dix années les plus flamboyantes. C'était un univers policé régi par des couturiers discrets et des artisans d'exception ; c'est devenu une industrie mondialisée où règnent de redoutables financiers et des créateurs médiatiques comme des rock-stars. Tout est allé très vite, très haut, trop vite, trop haut sans doute. L'histoire de Jil Sander est révélatrice de ce qui vient d'arriver à tout un milieu. On s'est grisé de jeunesse, on a cru que tout ce qui était neuf et branché assurait le succès ; on se réjouit du retour sur ses terres d'une créatrice de soixante ans. La morale et le bon sens triomphent. Juste retour des choses ou simple retour de bâton ? En tout cas, il faut faire avec une nouvelle donne. Vous avez dit « profil bas » ?

## La préhistoire de la mode

Pour comprendre, il n'est pas inutile de regarder dans le rétroviseur. Et de remonter jusqu'à la préhistoire de la mode ou du moins jusqu'à l'après-guerre. À cette époque, la mode n'est pas à proprement parler une

25

*La mode racontée à ceux qui la portent*

industrie. Elle va le devenir, étapes par étapes. Alors que la France peine à se reconstruire et que l'industrie textile est à bout de souffle, la mode est une pyramide. Au sommet, il y a les couturiers et notamment le tout jeune Christian Dior qui impose son « new-look » à base de taille étranglée et de jupes vertigineuses. Tout en bas, il y a madame Tout-le-Monde qui achète des patrons et se fait faire du faux « new-look » par sa couturière de quartier. L'Amérique consacre Dior et c'est une grande figure du style, Carmel Snow, directrice du prestigieux magazine Harper's Bazaar qui, devant l'allure Dior, s'écrie : « It's a new look ! ». Déjà, trouver la consécration outre-Atlantique est un passage obligé. La haute couture, qui compte encore près de cin-quante maisons, se dote de statuts qui lui permettent de passer outre les restrictions de tissus. Après Dior, il y aura le génial et mutique Yves Saint Laurent, le visionnaire fan-tasque Pierre Cardin, l'avant-gardiste Courrèges... Et ainsi de suite jusqu'aux années 1970. À l'époque, acheter un vêtement tout fait dans un magasin n'est pas un acte élé-gant. C'est de la « confection », autant dire une abomina-tion en termes de chic. Mais, comme dans tous les autres domaines de la société, les sixties bouillonnent aussi dans la mode. Ils sont quelques-uns à avoir l'intuition que l'on peut produire des vêtements en série sans qu'ils soient moches. Et ils le prouvent, comme Jean Bousquet, qui lance la marque Cacharel. Non seulement c'est portable mais en plus c'est joli et surtout on n'a pas à patienter pour enfiler sa robe ou son chemisier imprimé Liberty. Dans le même mouvement vont s'engouffrer Christiane Bailly, Elie et Jac-queline Jacobson, Daniel Hechter... La couturière de quar-

*Est-ce que la mode a la migraine ?*

tier et ses quinze jours d'attente obligatoires se démodent. C'est la révolution. L'irrésistible mouvement vers la démocratisation du froufrou a commencé. En 1969, Yves Saint Laurent ouvre sa boutique Rive Gauche, rue de Grenelle : les couturiers aussi font du prêt-à-porter. La « haute » entame un lent déclin.

D'autant que dix ans plus tard, une génération de jeunes-turcs vient secouer le cocotier. Ils inventent le prêt-à-porter des créateurs. Ultra créatif et assez dispendieux, il est nettement plus excitant que les élégantes prouesses de la haute couture. De cette « bande » émergent Jean Paul Gaultier, Thierry Mugler, Claude Montana, Kenzo et bien d'autres. Dans la cour Carrée du Louvre, ils font défiler leurs créations et inventent la mode spectacle. Les shows durent des heures. On fait venir des artistes, des éléphants, de vraies gens. On monte des décors somptueux. Les modèles comme Pat Cleveland, Jerry Hall ou Inès de la Fressange brisent les habitudes guindées des mannequins professionnels : elles bougent, dansent, rient, se transforment en vedettes. C'est follement amusant... La mode devient un univers plus que séduisant. Dans le Paris de l'époque, qui danse jusqu'à point d'heure aux Bains-Douches et au Palace, les défilés sont des événements. On tuerait père et mère pour pouvoir y assister. Certains passent des nuits à contrefaire les cartons d'invitation. Quel joyeux bordel ! Cela ne va pas durer...

La mode et le luxe vont passer aux choses sérieuses. À Paris, les milieux politico-financiers s'intéressent – c'est nouveau ! – à la mode. Ou plutôt au textile. L'agonie du groupe Boussac, le géant de cette industrie, le fleuron du

*La mode racontée à ceux qui la portent*

« made in France », embarrasse tous les gouvernements. Boussac engloutit chaque année des millions de subventions publiques. Les repreneurs se pressent dans un feuilleton à rebondissements où se mêlent politiques, banquiers et industriels. C'est un outsider redoutablement intelligent qui l'emporte : Bernard Arnault. Les observateurs sont surpris. Ils ne connaissent pas réellement Arnault, ce gars du Nord, timide et bien élevé, qui n'appartient pas au sérail des affaires. Et n'a pas encore des réseaux très solides dans Paris. Ce tout jeune polytechnicien, issu d'une famille bourgeoise, a repris l'entreprise de travaux publics de son père et a fait ensuite sa fortune dans l'immobilier. Rien ne le destinait aux chiffons.

Certains pensent qu'Arnault avait sans doute l'intuition de ce que pouvait devenir le secteur de la mode et du luxe car dans la corbeille de mariage, il y a la maison Christian Dior, sise avenue Montaigne. Un temple d'élégance gris perle où flottent les fantômes de l'inventeur du « new-look » et de son successeur, Yves Saint Laurent. Un quasi-monument historique dont le très sérieux Bernard Arnault va faire l'une des griffes phares de la mode moderne... Toujours est-il que Dior restera toujours la maison fétiche du très mystérieux M. Arnault. Certains croient savoir qu'il rêve d'en faire la griffe la plus connue du monde, de lui donner la place qui lui revient : la première. Il aurait, dit-on, gardé en mémoire cette réplique d'un chauffeur de taxi new-yorkais lors de son tout premier voyage aux États-Unis, alors qu'il était encore un jeune homme : « Ah ! Vous venez de France, comme la tour Eiffel et Christian Dior. » Longtemps, on lui a même prêté la

*Est-ce que la mode a la migraine ?*

volonté d'« écraser » Chanel dont la notoriété, toutes les enquêtes le prouvent, est immense. C'était avant que François Pinault ne lui barre la route... Mais on n'en est pas encore là.

## Un business comme les autres

Pour l'heure, Arnault « entre » chez LVMH, dont il va prendre les rênes au terme d'une époustouflante partie d'échecs qui l'oppose à Henri Racamier, le patriarche de la maison Vuitton. À l'aube des années 1990, Bernard Arnault est déjà le numéro un mondial du luxe. Il a racheté Céline et Kenzo, et a lancé la maison Christian Lacroix. L'ascension d'Arnault et la montée en puissance de LVMH donnent des indications de ce que sera le nouveau visage du luxe : un champ de bataille où tous les coups sont permis et où il faut gagner des parts de marché... Nous en sommes là quand les années 1990 célèbrent le retour de la croissance. Dans les boutiques de luxe, on voit apparaître ce que les spécialistes appellent « les consommateurs aspirationnels », c'est-à-dire des clients issus de la classe moyenne dont les revenus augmentent et qui du coup aspirent à une existence plus confortable et veulent s'offrir les attributs d'un style de vie « chic ». Ils vont accompagner l'incroyable croissance des marques de luxe, en s'offrant des accessoires griffés, qui ne sont rien d'autre que ce que les Américains appellent des *status symbols*, les symboles d'un statut. L'important pour un sac à main désormais ce n'est pas tant sa forme, ni même son utilité, c'est sa griffe. Son logo. Le luxe est le nouvel opium du peuple. Selon une étude de

*La mode racontée à ceux qui la portent*

l'Institut Risc, plus d'un Européen sur deux achèterait un produit d'une marque de luxe chaque année. Un citoyen japonais sur six posséderait un petit quelque chose de chez Vuitton.

Les grandes maisons au nom prestigieux vont donc tout naturellement passer dans le camp de la haute finance et de l'industrie... de masse, avec des méthodes proches de celles des as du marketing. D'ailleurs rien n'est plus chic, dans les maisons de luxe, que de s'attacher les services des anciens de chez Procter and Gamble ou toute autre société aux méthodes redoutables commercialement. Marianne Tasler, la P-DG de Givenchy, est passée par chez Adidas. L'ancien directeur de la branche Europe de Louis Vuitton, Bernardo Indira Sanchez, a fait ses classes chez Zara puis a quitté LVMH pour devenir l'actuel patron du groupe Vivarte (Kookai, André, La Halle aux vêtements...). Il faut dire que, petit à petit, toutes les maisons de mode vont entrer en Bourse. C'est le cas de Christian Dior mais aussi d'Hermès. Et cela va considérablement changer la donne dans la gestion de ces maisons de luxe, autrefois si compassées. Désormais elles ont des actionnaires, donc une obligation de résultats rapides. Ce qui met sur les équipes une pression nouvelle. Il faut que ça tourne ! Il faut que ça vende ! Qu'une collection soit vilipendée par les critiques de mode n'est presque pas un problème tant que les managers et les équipes de création trouvent un moyen de la vendre. Révolutionner la mode comme Yves Saint Laurent a pu le faire en mettant les femmes en pantalon n'est plus de la première urgence, alors que vendre beaucoup de pantalons est devenu une obligation. La nature même de la

*Est-ce que la mode a la migraine ?*

mode va s'en trouver, on le verra, modifiée. Et au jeu de l'efficacité commerciale, il semble que les Italiens soient sinon les plus forts, du moins très doués. Au moment où Bernard Arnault devient un tycoon, les maisons italiennes renaissent de leurs cendres.

## Le cas Tom Ford

Armani puis Gucci, Prada et consorts se placent au centre de la carte. Leur style et leurs méthodes démodent Paris, qui se croit encore la Reine du goût et ne s'est pas vue vieillir... Les Italiens n'ont pas ce complexe de supériorité et ils veulent faire de la mode un business rentable sans réellement s'embarrasser d'entrer dans l'Histoire. Ils veulent plaire. Donc vendre. Et ça marche... Giorgio Armani fut la vedette des années 1980. Tom Ford, chez Gucci, et Miuccia, chez Prada, vont suivre.

Dans la foulée, toutes les grandes marques, familiales dans la plupart des cas, récoltent de beaux succès. Les magazines affichent bientôt des sagas qui font rêver sur les Missoni, les Versace, les Trussardi, les Fendi, les Etro ou les Pucci qui posent, beaux comme des dieux, dans les couloirs de leurs somptueux palais florentins ou milanais ou sur le pont de leurs élégants bateaux. Dans bien des cas, il s'agit d'industriels ou d'artisans qui se sont mis à produire une mode à leur nom dans les usines de l'entreprise. Les parents ont fondé la marque, les filles s'occupent du style, les maris de la gestion, les enfants ont des sourires charmants de princes héritiers ou quelque chose d'approchant. Qui a dit que tout se passait avenue Montaigne ?

*La mode racontée à ceux qui la portent*

Les Italiens, débarrassés de leurs complexes d'artisans, s'offrent une mythologie de famille royale.

Mais, dans ce jeu des sept familles et quelques, un Américain nommé Tom Ford va s'imposer sans crier gare ! Ce Texan aux yeux de serpent est entré quelques années plus tôt chez Gucci par la petite porte. Quand on le voit aujourd'hui, chemise ouverte sur un torse parfait, venir saluer à la fin des multiples défilés qu'il supervise (Gucci homme et femme, Yves Saint Laurent Rive Gauche homme et femme) ou recevoir les invités de l'exposition « Goddess » (sponsorisée par Gucci) au Metropolitan Museum de New York au bras de Nicole Kidman, on a du mal à le croire. Mais c'est vrai, son premier job était à peu près au rang de « cinquième roue du carrosse ». Il faut dire qu'à l'époque la maison Gucci tanguait dangereusement au bord du précipice. Les membres de la famille, héritiers de Guccio, le fondateur, passaient plus de temps à se disputer l'héritage qu'à gérer la société. L'aura de la maison, qui avait tout de même chaussé de mocassins à mors la jet-set hollywoodienne des années 1950, de Grace Kelly à Cary Grant, était en train de se ternir sérieusement. Maurizio Gucci, le fils, laisse alors la maison passer entre les mains d'Investcorp, un fonds d'investissement originaire de Bahreïn. Il sera assassiné quelque temps plus tard par un homme de main recruté par sa femme, la redoutable Patrizia. Et pendant ce temps Tom Ford, diplômé d'architecture et ancien assistant de Marc Jacobs (que l'on retrouvera chez Louis Vuitton) pour la marque Perry Ellis, travaille. Ce beau gosse a été un temps acteur de soap opera et il a navigué dans l'entourage d'Andy Warhol au temps des glorieuses nuits new-yorkaises. Mais, quand il arrive dans les bureaux de

*Est-ce que la mode a la migraine ?*

Gucci, l'ambiance est infiniment moins glamour. La maison est proche de la faillite, les gens quittent le navire... Et Tom va se retrouver quasiment seul en piste au service création. « À un moment, tout allait tellement mal que nous n'avions même plus de papier à mettre dans la photocopieuse », se souvient-il avec délices, alangui sur le canapé gris chiné de son bureau parisien chez Yves Saint Laurent, dont l'ambiance épurée évoque plus l'élégance d'une banque d'affaires que le fouillis « inspirant » de l'antre d'un créateur.

Parti de rien ou presque, il va reconstruire l'édifice. Il en gardera toujours la conviction que Gucci lui doit beaucoup et que les somptueuses stock-options qu'on lui verse ne sont que la juste récompense des années de disette. On estime que ses stock-options atteindront la somme de 163 millions de dollars en actions du Gucci Group en 2004. Mais il faut ajouter à cette somme toutes les options qu'il a déjà exercées et son salaire que l'on dit faramineux. En huit ans de service chez Gucci, il a d'ores et déjà fait fortune. À l'époque, il n'est pourtant pas seul dans cette galère. Il y a aussi Domenico de Sole, un avocat italo-américain au physique de chanoine, engagé par Maurizio Gucci et qui est resté aux commandes sous le règne d'Investcorp.

À l'hiver 1995, Tom livre une collection dans laquelle il revisite le style androgyne : les filles vêtues de costumes de velours rouge sang, une chemise blanche ouverte jusqu'au nombril, sont sacrément photogéniques. La presse applaudit. Madonna et Gwyneth Paltrow portent des costumes de velours Gucci en public. Ça frémit. Tom réédite alors les sacs à poignées bambou qui, dans les années 1950,

*La mode racontée à ceux qui la portent*

ont assuré la renommée de la maison. Il imagine des campagnes de pub agressivement sexy qui rompent avec l'imagerie compassée du luxe. Les boutiques sont sérieusement toilettées. Le chiffre d'affaires bondit en quelques mois. C'est gagné ! Les Américains inventent une expression pour désigner une marque que l'on sauve des eaux : « *to do a Gucci* ». La manière de « faire un Gucci » est désormais un modèle qui a autant sa place dans les manuels de gestion et de marketing que dans les livres d'histoire de la mode.

### « Une femme Prada n'est pas une femme Gucci »

Du côté du couple Miuccia Prada-Patrizio Bertelli, on joue aussi sur du velours. Ancienne gauchiste, folle de vêtements Saint Laurent dont elle fait collection, Miuccia, l'intello, diplômée de science politique, a hérité de l'élégante bien que poussiéreuse maroquinerie familiale située dans la galerie Vittorio Emanuele II à Milan. Patrizio lui aussi est dans le cuir. La légende veut donc que ces deux-là se rencontrent dans un salon professionnel, se plaisent et se marient... Ils sont italiens, ils sont dans la mode et tout naturellement ils décident de faire fructifier la maison familiale. À Miuccia le style, à Patrizio les comptes. Avec son bon goût raffiné d'Italienne du Nord, Miuccia s'attaque aux clichés de la bourgeoise et lance des sacs en nylon dont l'anse chaînette évoque furieusement les sacs Chanel. Les fashion victims en sont folles et la maison de la rue Cambon pense un temps à lui faire un procès. Las... Les sacs en nylon, ornés du logo triangle de la maison, partent comme des petits pains. En 1987, Miuccia passe aux vêtements et

*Est-ce que la mode a la migraine ?*

fait défiler des filles aux airs de secrétaires coincées, le genou pudiquement couvert par des jupes imprimées comme du papier peint des années 1970. On les appelle les Pradettes... Boutiques relookées, publicités léchées, accessoires soignés : Prada « fait un Gucci ».

Les deux maisons sont très différentes, mais elles imposent toutes deux des images très fortes, très identifiables, presque formatées. Une femme Prada n'est pas une femme Gucci. On est l'une ou l'autre comme on était Beatles ou Rolling Stones. Comme on est Mac ou PC, Nike ou Reebok, Coca ou Pepsi. Les utilisateurs des ordinateurs MacIntosh sont des bobos alors que ceux des PC sont plus sérieux. Les Pradettes sont intellos et coincées quand les Gucciettes sont hyper sexy. Il ne s'agit plus simplement d'aimer une robe ou un sac, il s'agit désormais d'adhérer à un style de vie... Avec Gucci et Prada, la communication et le marketing ont pris une importance de premier plan. La façon dont ces maisons se présentent au public est calculée au millimètre. Et, comme toutes les marques, même les plus triviales, même les moins luxueuses, elles véhiculent des valeurs. Gucci et Prada sont les premières réussites de la nouvelle ère du luxe triomphant. Les journaux de mode n'ont pas fini de les célébrer. Bientôt, on pourra aller s'approvisionner en copies quasi conformes et pas honteuses chez Zara ou H&M, ces géants de la grande distribution venus d'Espagne et de Suède, qui ont pour ambition de vendre du branché à prix serrés.

*La mode racontée à ceux qui la portent*

## Quand Anna Wintour bâille...

De l'autre côté des Alpes, Bernard Arnault, qui ajoute d'année en année des marques nouvelles dans la corbeille de LVMH, lance la mode des transferts de créateurs. La génération des grands de la couture est décidément d'une autre époque. Hubert de Givenchy prend sa retraite bon gré mal gré en 1996. Il est remplacé par son contraire exact : le jeune et fantasque John Galliano, un Anglais originaire de Gibraltar au look de pirate. Quelques mois plus tard, l'Italien Gianfranco Ferré quitte Dior, ce qui provoque une partie de chaises musicales. Galliano va chez Dior, Alexander Mac Queen chez Givenchy. Dans le genre déjanté, Mac Queen n'est pas mal non plus. Crâne rasé et accent cockney, on le présente comme le « skinhead de la mode ». On a du mal à le croire aujourd'hui, mais l'arrivée de ces deux garçons talentueux au look décoiffant a provoqué dans le Triangle d'or des réactions assez vieillottes. On entend, ici ou là, des grincheux qui crient au déshonneur national et s'indignent que le patrimoine des maisons parisiennes soit aux mains de rustres qui écoutent davantage les Spice Girls que la Callas. Mais les gazettes, elles, sont aux anges. Leurs défilés « premiers pas » deviennent des événements, qui excitent bien au-delà des habituels journalistes accrédités pour suivre les collections de haute couture et de prêt-à-porter. On se rue : c'est le grand coup de jeune de la mode française. Et très vite, c'est un festival. L'Américain Marc Jacobs, l'ex-patron de Tom Ford, est engagé chez le malletier Louis Vuitton pour créer une ligne de prêt-à-porter. Un autre Américain, Michael Kors, arrive

*Est-ce que la mode a la migraine ?*

chez Céline. L'Américano-Cubain Narciso Rodriguez s'installe chez l'Espagnol Loewe, avec sur son CV une expérience de choix : il est celui qui a dessiné la robe de mariage de Carolyn Bessette-Kennedy !

Mais LVMH n'est pas le seul à faire souffler un vent nouveau. Paris courtise une génération de jeunes loups trentenaires formés dans les créatives écoles de mode anglaises, ou qui ont fait leurs classes dans les maisons italiennes et américaines où style se conjugue avec marketing. C'est à vous donner le tournis : chaque saison, un nouveau arrive quelque part. Stella McCartney, fille de, n'a pas vingt-cinq ans quand elle remplace Karl Largerfeld chez Chloé. Alber Elbaz sera bientôt choisi par Pierre Bergé pour dessiner le prêt-à-porter Rive Gauche d'Yves Saint Laurent. Médiatisés comme des stars, ces jeunes stylistes braquent à nouveau les projecteurs sur Paris, qui était en train de se voir disputer sa couronne de capitale de la mode par Milan, Londres et New York. D'ailleurs, la toute-puissante presse américaine, menée par Anna Wintour, la redoutable directrice du magazine *Vogue*, commençait à prendre Paris en grippe. « Je me souviens de la saison où Anna Wintour a bâillé au premier rang de notre défilé, évoque l'attachée de presse d'une des maisons les plus prestigieuses de la place. L'année d'après, elle n'est pas revenue ! » L'affront ! Mais quand Anna Wintour, une Anglaise maigrissime qui ne s'est jamais départie de sa stricte coupe au carré et de ses lunettes noires, bâille, c'est qu'il y a péril en la demeure. Chaque mois, « la » Wintour vend plus d'un million d'exemplaires de son magazine sur le territoire américain, dans les kiosques

*La mode racontée à ceux qui la portent*

comme dans les supermarchés. C'est une bible, de Dallas à New York et de Seattle à Tampa – Floride. Si elle aime quelque chose, les portes du marché nord-américain et les vitrines des grands magasins new-yorkais s'ouvrent. Si ça la fait bâiller, l'affaire démarre mal. Dans ces années-là, Paris agace tellement Anna Wintour qu'elle écrit une lettre retentissante à Jacques Mouclier, alors président de la Fédération de la couture, l'instance de régulation des grandes maisons françaises. Elle exige que la semaine des collections parisiennes soit réduite, elle ne peut plus supporter de voir ses équipes immobilisées en Europe pendant si longtemps loin des bureaux de *Vogue* au 4, Time Square. On tremble... Et les grandes maisons ont pris l'habitude de se battre pour défiler au début de la semaine de crainte qu'Anna Wintour, qui ne tolère pas plus de cinq jours de festivités, ne s'en aille. Mais Chanel a accepté de fermer le ban... pour retenir le plus longtemps possible les équipes américaines à Paris. Anna Wintour est incontestablement une impératrice, rigide et terrorisante. Dans les couloirs de *Vogue*, les gens, dit-on, tremblent de peur à l'idée de croiser son regard. On dit qu'elle aurait demandé aux journalistes et aux rédactrices de mode d'interdire aux assistantes de la saluer car cela lui fait perdre trop de temps. Où qu'elle soit, elle est debout aux aurores tous les matins pour faire une partie de tennis avec un professeur particulier. Puis c'est son coiffeur qui entre en scène pour réaliser son impeccable brushing. En 2003, comme pour toutes les stars américaines d'envergure, paraît *The devil wears Prada*[1], sa biographie

---

1. Le Diable était en Prada.

*Est-ce que la mode a la migraine ?*

non autorisée écrite par Lauren Weisberger qui a été son assistante pendant un an. L'auteur nie « toute ressemblance avec des personnes existantes » mais certains assurent que le terrifiant portrait qui est fait de la directrice du magazine *Runway* (tous les noms ont été changés) est assez ressemblant. Ce ne sont toutefois que des rumeurs, qui n'entachent en rien la puissance de madame Wintour. Quand un créateur a l'heur de lui plaire, elle le propulse dans son journal et elle en fait une star. L'Autrichien Helmut Lang ou le Français Nicolas Ghesquière, pour ne citer qu'eux, vont ainsi bénéficier de ses coups de cœur et devenir des stars outre-Atlantique. Un peu grâce à Wintour et pas mal grâce à l'ensemble de la presse américaine, New York devient une place forte de la mode des années 1990. Désormais, c'est dans la Grosse Pomme que l'on va chercher la consécration et nul ne peut espérer inscrire son nom au panthéon du style sans avoir reçu l'onction des pythies américaines du froufrou. Avec leurs grands magasins hyper chics, les États-Unis sont devenus un énorme marché qu'il est désormais indispensable de conquérir. Dans ce contexte, Anna Wintour devient donc une vedette. Elle fait la une des magazines quand elle quitte son mari pour vivre au grand jour l'amour avec son amant. Elle a même un temps, sans doute rendue folle par le bonheur, perdu l'habitude d'apparaître en public avec des lunettes noires. Avant les dernières élections américaines, on a parfois murmuré que cette femme de pouvoir pourrait quitter la mode pour se lancer en politique aux côtés d'Hillary Clinton. Il n'en a rien été...

Toujours est-il que dans les années 1997-1998 ces

*La mode racontée à ceux qui la portent*

jeunes Anglais et Américains viennent à point nommé divertir un peu Mme Wintour. Elle les connaît, les soutient depuis longtemps et ne bâille pas quand elle voit les créations de Marc Jacobs et Michael Kors, qui livrent pour leurs premières saisons parisiennes une mode très manhattanienne. Abondamment photographiée dans le *Vogue* américain. Mais le chouchou absolu d'Anna Wintour, c'est John Galliano, qu'elle a toujours soutenu, même et surtout quand il était sur la paille. Des années après, il dit encore : « Je ne peux rien refuser à Anna. » Comme Tom Ford, Galliano a connu les années de vache maigre. Bien plus encore. Avant de prendre possession de Dior et de ses murs gris perle, il a connu trois financiers différents et autant de faillites. Il est arrivé à Paris sans le sou et a été un temps SDF de luxe, logé par les uns et les autres, notamment le styliste Fayçal Amor qui possède la marque Plein Sud. Mais tout cela n'est qu'un mauvais souvenir. Dior comme Vuitton ont désormais tous les atouts pour être des machines à sous. Gucci et Prada n'ont qu'à bien se tenir !

**Le luxe s'en va-t-en guerre**

Les consommateurs aspirationnels poussent de plus en plus nombreux la porte des boutiques de luxe rénovées à grands frais. Désormais, le mot d'ordre est « *Think big !* » – Devenez gros ! On l'a vu, Prada passe en quelques mois du statut d'entreprise familiale à celui de groupe de luxe. Bernard Arnault non plus ne saurait s'arrêter là. Dans les derniers mois de 1999, il s'intéresse au fleuron des fleurons, la société Yves Saint Laurent, que son propriétaire,

*Est-ce que la mode a la migraine ?*

le groupe pharmaceutique Sanofi, met en vente. L'affaire va se faire mais capote au dernier moment. YSL est trop cher. Surtout, Investcorp vient d'introduire Gucci en Bourse, maintenant que le succès est là. Arnault achète des actions et monte à 34 % du capital. Les mauvaises langues soulignent alors qu'Arnault, en 1994, avait rejeté une offre qu'on lui faisait d'acheter Gucci en disant : « C'est une marque morte. » En réalité, elle est bien vivante. Tom Ford et Domenico de Sole affirment haut et fort qu'ils ne veulent pas danser avec Bernard Arnault. Ils ne désirent tout simplement pas faire entrer le loup dans la bergerie, c'est-à-dire un homme qui connaît le business aussi bien qu'eux et qui risque fort de ne pas leur laisser tout le pouvoir dont ils jouissent au sein de Gucci. Ils craignent aussi que leur maison ne se retrouve perdue dans le portefeuille des griffes LVMH, cannibalisée peut-être par une griffe similaire mais ô combien plus forte car plus ancienne, Louis Vuitton. Tom et Domenico cherchent un chevalier blanc. Et c'est François Pinault, le patron de PPR (Fnac, Redoute, Printemps) qui se présente. Venu du commerce du bois, celui qu'on appelle le « milliardaire breton », autodidacte et grand collectionneur d'art, devient en quelques jours un des acteurs de premier plan du luxe. Par un tour de passe-passe financier, il prend une part coquette du capital de Gucci, rachète dans la foulée YSL, que Gucci rachète aussitôt avec de l'argent que lui donne Pinault. Gucci est désormais le Gucci Group. Il prendra sous son aile la maison Balenciaga, le joaillier Boucheron, le chausseur Sergio Rossi, le maroquinier Bottega Veneta, les maisons person-

*La mode racontée à ceux qui la portent*

nelles d'Alexander Mac Queen (qui quitte LVMH dans une atmosphère de scandale) et Stella McCartney...

C'est le début d'une guerre impitoyable dont les rebondissements sont quasi journaliers. Pinault, Arnault, Tom Ford, Domenico de Sole... ces quatre-là sont lancés dans une bataille sans merci. Les egos sont déchaînés. Il est hors de question de perdre. On se bat dans la presse, devant les tribunaux notamment celui d'Amsterdam ville où la maison Gucci est cotée, partout où c'est possible. Bernard Arnault, qui ne fait même pas d'efforts pour cacher sa fureur de s'être fait doubler, dépense sans compter : il prend la Samaritaine, s'implante en Italie avec Fendi et Pucci, puis achète l'Américaine Donna Karan. En marge de ce combat, on voit sortir de terre un groupe aussi improbable que le French Luxury Group, avec Emmanuelle Kahn, Harel, Jacques Fath et Jean-Louis Scherrer. Les rachats se multiplient : Valentino, Cerruti, Gianfranco Ferré changent de mains à la vitesse de l'éclair. Plus personne ne suit... Le luxe est en train de devenir fou !

... Jusqu'au 10 septembre 2001. Ce jour-là, Bernard Arnault et François Pinault signent l'armistice. Pinault et PPR gardent le contrôle du Gucci Group. Bernard Arnault est plus que jamais le numéro un mondial du luxe. Tous les pontes du capitalisme français ont fini par s'émouvoir de la guerre PPR-LVMH : elle donne, dit-on, mauvaise réputation à la place. Jean-Marie Messier, alors au sommet de la gloire chez Vivendi, fait office de médiateur. Les premiers signes de la crise économique des années 2000 incitent sans doute tout le monde à la prudence. Il n'est

*Est-ce que la mode a la migraine ?*

pas convenable de continuer à se battre comme des chiffonniers.

Pendant ce temps, à New York, il fait un temps sublime et toute la caravane de rédactrices, stylistes, mannequins, coiffeurs, maquilleurs, attachés de presse et photographes est en ville pour la présentation des collections printemps-été 2002-2003. Le lendemain, 11 septembre, tout ce beau monde se réveille de fort belle humeur et d'assez bonne heure, *jet lag* aidant. On est arrivé la veille de Paris, Londres ou Milan. Ce soir, Tom Ford en personne va ouvrir la première boutique new-yorkaise Yves Saint Laurent Rive Gauche de son règne. On annonce – encore elles – Gwyneth Paltrow et Madonna. Ce sera grandiose ! Il y a déjà foule dans le hall élégant du QG des gens de mode, le Mercer Hotel, dans Soho, repensé par le designer Christian Liaigre. On y papote assis dans les canapés de cuir sombre, devant des tables en wengé, sous des alignements de fleurs blanches. Marc Jacobs est là. Issey Miyaké aussi. Sur le trottoir d'en face, les ouvriers s'affairent sur le chantier de la prochaine boutique Prada dont la rénovation, confiée à l'architecte Rem Koolhaas, titulaire du Brooker Price, le Pulitzer de l'architecture, s'annonce événementielle.

À 8 h 50, un avion d'American Airlines vient s'encastrer dans une des tours du World Trade Center. À quelques centaines de mètres seulement du Mercer. Les tentes où ont lieu, traditionnellement, les défilés de mode new-yorkais sont plantées dans Bryant Park, c'est-à-dire quasiment au pied des tours jumelles. La mode est donc aux premières loges du drame. Elle va en rester profondément marquée.

43

# La mode racontée à ceux qui la portent

D'abord parce que cet événement fait entrer toute l'économie mondiale dans une zone de turbulences sans précédent. Mais aussi parce que les créateurs et tous ceux dont le style est le métier vont pendant quelques saisons travailler comme en réponse à ce choc. Les défilés d'après seront sombres et recentrés sur l'essentiel, le vêtement. Ceux qui suivront seront gais d'une manière quasi volontariste, comme s'ils étaient une réaction au marasme. Les Japonais vont considérablement réduire leurs voyages en Europe où ils venaient s'approvisionner en luxe. Les Américains vont se détourner du *show-off* et de l'ostentatoire. La mode, c'est certain, se tape une petite crise existentielle. La fête n'est pas terminée. Mais l'hystérie n'est plus de mise. Faudra-t-il repenser toutes les structures d'un système qui vient de connaître dix ans d'euphorie ?

## 2

# Est-ce que Tom Ford a vraiment fait cette paire d'escarpins Gucci pour moi ?
### Ou
### La puissance du directeur artistique

Le 12 septembre 2001, le monde de la mode se réveille hagard, encore effaré de ce qu'il a vécu la veille. Évidemment, la fête qui devait consacrer, à New York, le règne de Tom Ford chez Yves Saint Laurent Rive Gauche n'a pas eu lieu. Le Texan aux yeux de serpent a-t-il peur, ce matin-là, des incertitudes de l'avenir ? Pense-t-il que le bel échafaudage qu'il a mis en place va tanguer ? Est-il pour la première fois de sa vie en proie au doute ? Lui qui semble avancer tout droit sans jamais marquer un moment d'hésitation... Lui dont chaque mot semble résonner comme un diktat... Pendant les quelques jours qui suivent ce funeste mardi, il reste enfermé à double tour dans son pied-à-terre new-yorkais, en attendant que son avion privé, comme tous les autres appareils figés au sol dans les aéroports new-yorkais, reçoive l'autorisation de décoller. Une toute petite semaine et c'est chose faite : Tom Ford regagne son quartier général

*La mode racontée à ceux qui la portent*

de Londres et reprend le cours de sa vie, celle d'un des hommes les plus puissants de la mode.

Une vie qui semble se dérouler sur un rythme binaire. « J'aime, j'aime pas, j'aime, j'aime pas » : il claque des doigts quand il raconte, de sa voix de velours, à quoi se résume son travail. Il s'agit pour lui d'approuver ou de rejeter les mille et un projets qui lui sont soumis à longueur d'année. Où qu'il soit dans le monde. Et pour n'importe laquelle des marques dont il a la charge. Quelques mois seulement après que le Group se fut emparé de la griffe Yves Saint Laurent Rive Gauche, Tom Ford prenait donc les rênes de cette maison. Défilés, collections, publicités, décoration des boutiques... l'idée est évidemment d'appliquer à YSL la recette de Gucci. Pour ce faire, Tom décide de tout, jusqu'à la couleur des fleurs qui ornent la réception du siège social et à l'aspect du papier à lettres. Il est aussi la seule personne habilitée à parler à la presse de YSL, ses vêtements, ses boutiques, ses parfums. Comme chez Gucci, il voit tout, il sait tout, il contrôle tout.

### L'ayatollah du Gucci Group

Mais comme il est aussi un homme de business, il est au centre de toutes les décisions qui concernent le groupe. L'opportunité de racheter Boucheron ? La nomination d'un directeur artistique chez Bottega Veneta ? Le lancement d'un parfum pour les marques dites émergentes que sont Alexander Mac Queen et Stella McCartney ? Le prêt d'une robe à telle ou telle actrice pour la cérémonie des Oscars ? La riposte face à de mauvais résultats financiers ?

*Est-ce que Tom Ford a vraiment fait...*

La hauteur des escarpins, la largeur des épaulettes, la profondeur des sacs, les goûts des clientes, la taille des vendeuses, le look de ses collaborateurs ? C'est lui, toujours lui. En décembre 2002, dans les salons rococo de l'hôtel George V à Paris, alors que tout ce que la mode compte de gens importants se presse au traditionnel colloque annuel sur la mode organisé par l'*International Herald Tribune* intitulé cette fois-là « Is luxury unlimited ? », Serge Weinberg, président du directoire de PPR, prend la parole : « Tom Ford, dit-il en substance, c'est l'ayatollah du Gucci Group. » Ce que l'on peut comprendre par : il est celui qui établit la conformité des produits et des actes à la loi sacrée du groupe, la charia de Gucci en quelque sorte. Édifiant !

La seule chose à laquelle il s'interdit de se mêler, c'est la création dans les maisons du Group. « Lee [Alexander Mac Queen], Stella [McCartney], Nicolas [Ghesquière, de chez Balenciaga] ou Tomas [Maier, de chez Bottega Veneta] sont entièrement libres. Ils ne viennent me voir que s'ils ont besoin d'un conseil », assure Tom Ford, très grand frère. On croit même déceler chez lui une certaine fierté d'avoir su se constituer une écurie peuplée de gens si talentueux. L'idée, que son entourage distille à l'envi, c'est que si Tom a su séduire des êtres si doués, c'est qu'il parle le même langage qu'eux, celui du créateur. Sous-entendu : pas comme les super financiers du camp d'en face... chez LVMH. De fait, Tom Ford n'apparaît jamais au premier rang des défilés de ses ouailles et ne pratique pas le séminaire d'entreprises avec les créateurs... Ce serait déplorable pour son image. Patron mais pas trop, voilà son créneau. Tom se contente du titre de directeur artistique

*La mode racontée à ceux qui la portent*

de Gucci et d'Yves Saint Laurent Rive Gauche, et de directeur de l'image et vice-président du Gucci Group.

Son seul problème avoué est le manque de sommeil. Il ne sait pas, dit-il, dormir plus de quatre heures par nuit. Le reste du temps, il pense. Au Gucci Group et peut-être à son avenir. Et il communique avec ses équipes par visio-conférence. Tant que les résultats financiers sont à la hauteur des espérances, il apparaît comme un demi-dieu high-tech doté d'une capacité à séduire son interlocuteur proprement phénoménale. Ceux qui se sont laissé avoir avouent, en extase, s'être sentis l'espace d'un instant la personne la plus importante du monde. Ceux qui n'avaient pas envie de se laisser prendre ne trouvent pas grand-chose à dire d'autre qu'« il est bien moins beau qu'il en a l'air en photo et en plus il perd ses cheveux ». Mais ils le disent sur un ton furieux. Ses collaborateurs, quand ils quittent le groupe, ont, sauf cas de trahison extrême, droit à un entretien privé assorti d'un grand numéro de charme. Tom Ford pense à tout : c'est une façon habile d'acheter leur silence. On se quitte bons amis. Et ils disent tous, en substance, « ça ne marchait pas avec l'équipe, mais Tom était exceptionnel ».

Son truc, pour séduire, c'est une autodérision bien dosée. Il perd ses cheveux, il s'en désole en jouant de la prunelle. Il a des manières tyranniques, il l'avoue dans un sourire : « Enfant, j'étais déjà vieux. Je ne m'intéressais pas aux jouets. Un jour que mes parents étaient absents, j'ai modifié la décoration de leur salon car elle ne me convenait pas. Je pouvais aussi forcer mes tantes à aller se changer si leur tenue ne me plaisait pas. Encore aujourd'hui, si une

*Est-ce que Tom Ford a vraiment fait...*

poignée de porte n'est pas exactement comme je la souhaite, je ne vois qu'elle en entrant dans la pièce, elle me dérange. Je dois la faire changer toutes affaires cessantes. » Dans son ranch de Santa Fe, au Nouveau-Mexique, il a fait repeindre le camion d'entretien en noir car il ne supportait pas sa couleur d'origine, orange. Elle n'allait décidément pas avec les selles en cuir noir, griffées Gucci, dont il se sert pour monter ses chevaux. Son autre truc, c'est la franchise, bien dosée elle aussi. « Je suis très sexuel », répète-t-il sans cesse. Ce qui, dans le cas du boss de deux marques dont le fonds de commerce est le sexy, comme Gucci et YSL, est loin d'être un problème. Il aime les hommes évidement mais il raconte dans beaucoup d'interviews qu'il a eu, tout jeune homme, des aventures avec des filles. Et beaucoup de femmes qui le rencontrent disent la même chose : « Avec lui, on a l'impression que ça peut être possible. » Mais il n'hésite pas à poser tendrement enlacé avec son compagnon, le journaliste Richard Buckley, rédacteur en chef de *Vogue Hommes International*, avec qui il vit depuis plus de quinze ans et avec lequel il déclare désirer avoir des enfants. Tom Ford est un séducteur à la fois chaud et froid.

### « Je suis un produit »

Il a donc poussé l'art du contrôle jusqu'à un raffinement extrême. Réaliste et toujours à la limite du cynisme, il est en quelque sorte le théoricien d'une nouvelle façon de voir et de penser la mode. Avec lui, la figure du créateur parcouru de visions et de fulgurances s'est effacée au profit

*La mode racontée à ceux qui la portent*

d'un nouveau métier, celui de directeur artistique. Son rôle, c'est de penser la marque de manière globale, du défilé au packaging, de la pub au parfum pour en faire une redoutable machine à séduire les consommateurs. D'ailleurs, il ne prétend pas être réellement un créateur : « Mon job, aime-t-il répéter, c'est de trouver le moyen de donner envie au plus grand nombre à Tokyo, Milan, Londres, Los Angeles ou Paris de la même paire de chaussures. Au même moment. » Il est un artiste commercial. Le directeur artistique n'est donc ni plus ni moins que le créateur des années mondialisation. À la fin de la journée, comme disent les Américains, il doit surtout faire gagner de l'argent à la maison qui l'emploie. Ou du moins ne pas lui en faire trop perdre. Dit comme ça, la situation est à vous glacer le sang. Mais on peut aussi penser que Tom Ford a contribué à ressusciter Gucci, une marque moribonde. Car les maisons de couture sont devenues des entreprises comme les autres. Qui doivent vendre des sacs, des chaussures, des parfums et des robes.

Personne mieux que Tom Ford n'a sans doute compris cette dure réalité. Et quand on lui demande de se définir, il dit : « J'ai toujours été conscient de ma valeur parce que je pense à moi de différentes manières. Je suis une personne mais je suis aussi un produit [...]. Je suis conscient de ce que je suis, de ce que je fais et de ce que je peux apporter à l'entreprise » (*Vogue* U.S., mars 2003). Un produit. Pourtant, il n'a jamais eu la moindre velléité de créer sa propre marque. Tout donner à la maison Gucci lui suffit... tant qu'on le lui rend en espèces sonnantes et trébuchantes. Son salaire chez Gucci serait, dit-on, le double de celui de

*Est-ce que Tom Ford a vraiment fait...*

Domenico De Sole. Son raisonnement, comme toujours, est désarmant : « Quand j'ai pris la décision de continuer l'aventure coûte que coûte, en 1994 [alors que Gucci était au bord du gouffre, le garçon ne doute de rien, ndla], j'étais très conscient du fait que je risquais de me retrouver à soixante-cinq ans dans une situation proche de celle de Giorgio Armani, avec une société qui aurait valu des millions mais que j'aurais été obligé de vendre faute de successeur. » Ce qui finalement dit tout de ce qu'est, aujourd'hui, un directeur artistique : un mercenaire qui vient remplir une mission.

« Les jeunes stylistes d'aujourd'hui, ceux qui se glissent dans les habits d'un créateur pour faire vivre la marque sans son créateur sont comme des bernard-l'ermite : il leur faut une coquille à habiter. Ils endossent le costume de quelqu'un qui s'appelait Yves Saint Laurent, Christian Dior, Cristobal Balenciaga, Hubert de Givenchy mais qui n'existe plus que comme une ombre à peine tutélaire. La vraie tutelle désormais est non plus celle du créateur fondateur mais celle de l'actionnaire », écrivent Dominique Quessada et Farid Chenoune dans la *Revue des deux mondes* en août 2001. Le directeur artistique va prendre les codes de la maison et les remettre au goût du jour en y mettant une pincée de son style à lui. C'est pourquoi les premières semaines d'un directeur artistique dans une maison se passent dans les archives, histoire de s'imprégner d'une légende qu'il aura soin de recuisiner. Une robe mythique ou un accessoire d'époque ? C'est parfait : il réédite, il « remasterise ». Pourtant, le boulot ne consiste pas uniquement à faire du copier-coller avec le passé. Les meilleurs directeurs

*La mode racontée à ceux qui la portent*

artistiques ont des idées, une personnalité et du talent. Ils n'ont pas forcément envie de s'exprimer sous leur nom. Et de se lancer dans l'aventure difficile de la création d'entreprise, alors que les grandes griffes leur offrent l'assurance de confortables moyens financiers. Il y a d'ailleurs une génération, très talentueuse, qui a réussi à se faire un nom à l'ombre d'un prestigieux label : Hedi Slimane chez YSL puis Dior Hommes, Nicolas Ghesquière chez Balenciaga, Phoebe Philo chez Chloé, Alber Elbaz chez YSL puis Lanvin. Pas de souci d'ego, les directeurs artistiques sont sur le devant de la scène et ils obtiennent tous, par contrat, de signer leurs collections « Hedi Slimane pour Dior Hommes » ou « Balenciaga par Nicolas Ghesquière ». Gare aux journaux qui feraient une faute dans la légende de leurs photos de mode !

Si un jour ces jeunes gens veulent lancer leur propre maison, leur notoriété sera déjà établie. Signe des temps, tous les jeunes stylistes, même et surtout ceux qui ont déjà leur propre griffe, sont à la recherche d'une place de directeur artistique. Car le métier est bien payé. Les émoluments sont tenus strictement secrets mais il est de coutume, dans le milieu, de parler de « salaires de footballeurs ». Chez LVMH, on murmure que cela se chiffre à plusieurs milliers d'euros par an, sans compter évidemment l'armada de chauffeurs, assistants et secrétaires personnels mis à la disposition du directeur artistique. Dans une maison importante, on a aussi l'occasion de travailler sur des campagnes de publicité ou des ouvertures de boutiques, autant de choses auxquelles on ne touche pas quand on est un créateur indépendant. On se fait aussi un carnet d'adresses :

*Est-ce que Tom Ford a vraiment fait...*

une maison qui a des moyens vous permet d'engager la crème des mannequins, des coiffeurs, des maquilleurs et des photographes, avec qui l'on se lie forcément d'amitié.

C'est dire si bien souvent, ce sont des places en or. Même si elles sont précaires. Ne pas se fier à la longévité de Marc Jacobs chez Louis Vuitton ou de John Galliano chez Christian Dior, dont les maisons sont en plus passées sous l'aile protectrice du groupe LVMH : un contrat de directeur artistique n'excède pas, en général, une poignée de saisons. Il est reconductible, suivant les résultats commerciaux, les retombées dans la presse ou l'humeur des propriétaires. Souvenons-nous des mésaventures de Milan Vukmirovic. Mais il n'est pas le seul à avoir démarré un travail qu'il n'a pas eu le temps de finir. Dans un autre registre, Michèle et Olivier Chatenet, le couple qui forme la marque E2, s'est vu remercier par la maison Leonard après quatre défilés seulement, pourtant très applaudis. Amertume... D'autant que les émoluments obtenus dans les maisons permettent la plupart du temps de faire tourner sa propre boîte. Ils améliorent bien l'ordinaire.

**Le règne de Karl**

Mais Tom Ford n'est pas l'unique figure tutélaire de la caste des directeurs artistiques. Celui qui a ouvert la voie, c'est l'immense Karl Lagerfeld. Qui, s'il a toujours entretenu de loin en loin sa propre marque, a tout de même réussi à s'imposer comme un empereur de la mode en se mettant au service de différentes maisons : Chloé, Fendi et bien sûr Chanel, dont il dirige la création depuis 1983. Le

*La mode racontée à ceux qui la portent*

B.A.-BA du directeur artistique moderne, c'est Lagerfeld qui l'a élaboré. Dès son arrivée, il a bousculé la maison, l'a dépoussiérée en profondeur, tout en jouant avec ses codes. Broches camélia et bottes de motos siglées des deux « C », tailleurs de tweed sans cesse modernisés et escarpins beiges-bouts-noirs servis à toutes les sauces, Karl s'y entend comme personne pour booster Chanel et en faire une maison qui revient régulièrement sur le devant de la scène. Ce qui est le cas dans les années 2002-2003 : après une période de creux, on n'a à nouveau jamais autant parlé d'elle. Et si, pendant quelques saisons, l'influence Saint Laurent a guidé les podiums, il semble aujourd'hui que la féminité selon Chanel fasse de plus en plus d'émules.

L'autre route tracée par Lagerfeld, c'est la publicité. C'est lui qui a fait de Claudia Schiffer et d'Inès de la Fressange des images de la maison... Même s'il s'est ensuite brouillé avec elles, il a compris avant la majorité de ses collègues à quel point l'image pouvait faire du bien à une marque. D'ailleurs, il réalise lui-même les photos des campagnes publicitaires. Que l'on aime ou pas le traitement que Karl fait subir à Chanel, on est obligé de constater qu'il a tout compris avant les autres. Évidemment, il est loin de tout faire. Il dessine la plupart des modèles, notamment ceux de la haute couture car il a été formé à l'ancienne à la Chambre syndicale de la couture, en même temps qu'Yves Saint Laurent. Mais il a autour de lui une équipe bien rodée qui s'occupe des bijoux, des accessoires, des chaussures, de la ligne sport, etc. Ce que l'on voit dans les boutiques et sur le podium, c'est tout ce qui a obtenu son agrément. La maison Chanel tenue par la très secrète

*Est-ce que Tom Ford a vraiment fait...*

famille Wertheimer également propriétaire des cosmétiques Bourgeois, des maillots de bain Eres, de la maison anglaise Holland et Holland et de quelques-uns des plus prestigieux fournisseurs de la haute couture comme le bottier Massaro, le parurier Desrues ou le brodeur Lesage, reste une des plus discrètes de la place.

Ce qui, forcément, excite les rumeurs. Cela ne marcherait plus si bien qu'avant... Ce que personne ne peut vérifier car la maison n'a publié aucun chiffre depuis une décennie. Elle n'est pas en Bourse, rien ne l'y oblige. Parfois, certains laissent entendre que le départ de Karl pourrait être à l'ordre du jour. Il semble surtout que le plus angoissant dans l'affaire, c'est de penser qu'un jour Karl Lagerfeld s'en aille... Trouver un remplaçant à la hauteur serait alors la chose la plus difficile pour faire vivre le patrimoine laissé par Gabrielle Chanel.

Aujourd'hui, Karl n'est pas seulement un talentueux mercenaire. Il est une figure centrale qui illumine le milieu de la mode de sa prodigieuse intelligence et de son incroyable culture. Il lit tout, il sait tout, il connaît tout le monde. Dans son studio de photo tout blanc de la rue de l'Université, juste derrière sa librairie, il reçoit toute la mode venue glaner un bon mot, un conseil, une idée, une vacherie aussi brillante que cruelle sur l'un ou l'autre. Entouré d'une équipe de jeunes gens dynamiques, il fait des photos à la vitesse de l'éclair (aussitôt visualisées sur l'écran de son ordinateur) pour tous les journaux de la terre, entre deux gorgées de Pepsi Max que son maître d'hôtel vient lui apporter sur un plateau d'argent et dans un verre de cristal. Ça fourmille, c'est follement amusant, c'est l'endroit où il

*La mode racontée à ceux qui la portent*

faut être. Et, alors que la plupart des couturiers de la génération de Karl ont pris une retraite silencieuse et mélancolique, il a su attirer à lui toute la génération montante au premier rang de laquelle figure Hedi Slimane. « Karl » et « Hedi » se fascinent mutuellement, ils ne se quittent pas. On peut les voir, parfois, prendre un verre au Café de Flore le soir après les séances de photos... Paris les adore. Le monde entier aussi. Même si Lagerfeld n'ignore rien de la modernité, même s'il sait mieux que quiconque se frotter aux médias, ses manières gardent quelque chose de très « grand siècle ». Dans sa salle à manger au plancher somptueux, il lui arrive même de donner des bals où il convie toute la mode, de Anna Wintour à Tom Ford. Il a d'ailleurs pris des cours chez Georges et Rosy, une institution en matière de danse de salon, et demandé à ses collaborateurs de s'initier à leur tour au fox-trot et au cha-cha. Des témoins affirment même l'avoir vu entraîner Tom Ford dans un tango endiablé lors d'une réception donnée à l'occasion des défilés de haute couture à l'été 2002. Mais il s'agit sans doute d'une légende urbaine car aucune photo n'est là pour le prouver...

Du temps où sa silhouette évoquait celle d'Orson Welles, Karl était surnommé « le kaiser ». Maintenant qu'il s'est délesté de 42 kilos et qu'il ne paraît plus qu'en Hedi Slimane pour Dior Homme, il a tout d'un prince. Les veilles de défilé chez Chanel, il tient salon dans le studio où passent les mannequins ; les plus grandes figures de la presse viennent lui rendre visite comme on se rendait autrefois à une audience. Ne pas y paraître serait une offense, un manquement à l'étiquette. Ne pas y être attendu, désiré,

*Est-ce que Tom Ford a vraiment fait...*

souhaité est le signe que l'on n'est pas grand-chose. Belles plumes et rédactrices de mode star se croisent donc dans l'escalier de verre de la rue Cambon, celui qui mène aux studios d'essayage, là où se tenait autrefois Mademoiselle. Quel contraste avec l'ambiance de secret et de recueillement qui règne d'habitude chez les créateurs avant un show : les autres vivent ces moments-là en reclus ; Lagerfeld a toujours une saillie à dispenser à la ronde pendant que, de son œil de lynx, il rectifie un ourlet ou le tombé d'une robe. Le métier sans doute... L'été, il reçoit son monde dans sa somptueuse demeure de Biarritz, meublée de merveilles de Jean-Michel Franck. Sans Karl Lagerfeld, c'est certain, la mode ne serait pas vraiment la mode.

**De la planche à dessin à la visioconférence**

Lorsque son ancien camarade de classe, Yves Saint Laurent, avec qui il est fâché depuis des années, a pris sa retraite, l'affaire a revêtu des allures d'événement historique. C'en était un, assurément. Quand, le 21 janvier 2002, au centre Pompidou, Catherine Deneuve et Laetita Casta se sont levées pour chanter en chœur au grand Yves, plus hiératique que jamais, « ma plus belle histoire d'amour, c'est vous », les spectateurs ont assisté à la fin d'un « ordre ancien ». Saint Laurent est quasiment le dernier des grands, le plus grand sans doute. Après lui, qui d'autre, à part Lagerfeld peut-être, a cette connaissance intime de la coupe et du dessin ? Qui d'autre travaille de cette façon ? Après lui, on est définitivement entré dans l'ère des directeurs artistiques qui font des collections l'œil rivé sur le chiffre

*La mode racontée à ceux qui la portent*

d'affaires. Yves Saint Laurent a-t-il jamais su ce qu'était un chiffre d'affaires ? Non. Tant mieux, cela lui a permis d'être le génie que l'on sait. Tant pis, déplorent certains, s'il l'avait su, sa maison se serait peut-être mieux portée. Mais cette querelle entre les anciens et les modernes n'a plus vraiment lieu d'être... puisque la maison d'Yves, au 5, avenue Marceau, a désormais fermé ses portes. Les ateliers se sont vidés, les machines à coudre se sont tues, les ouvriers qui étaient parfois au service du Maître depuis près de trente ans se sont dispersés. Et dans les salons Napoléon III vert et or, une poignée de fidèles fait vivre la Fondation Yves Saint Laurent. Monsieur y va de temps en temps pour s'asseoir derrière la planche de bois montée sur tréteaux qui lui sert de bureau. Les rares visiteurs qui viennent encore assurent l'avoir vu dessiner des robes et des pantalons. Il s'ennuie peut-être un peu, privé de sa raison d'être. Il ne sait sans doute pas vivre autrement qu'en dessinant.

Et pendant ce temps, dans la rue perpendiculaire au siège d'Yves Saint Laurent Rive Gauche façon Tom Ford, on fait des visioconférences. Car Mister Ford est assez rarement devant sa table à dessin. C'est qu'il a bien autre chose à faire que de dessiner des robes et des pantalons. La tâche de Tom, c'est surtout d'imposer YSL sur un marché sursaturé de marques, des créateurs d'avant-garde aux chaînes de grande distribution, des marques milieu de gamme aux maisons de couture. Car, démocratisation oblige, la mode est devenue un gigantesque choix où le consommateur zappe entre Gap et Gucci, Prada et Zara, le sur-mesure et les jeans. Ce qu'il faut, c'est asseoir sa part de marché... L'enjeu n'est donc plus seulement de produire une jolie

*Est-ce que Tom Ford a vraiment fait...*

robe, mais de rendre désirable la marque de la robe. Déjà, en son temps, Christian Dior disait : « Vous ne serez jamais assez cher car vous faites appel au désir. » Il convient donc de donner envie aux gens de passer la porte des boutiques et de dégainer leur carte de crédit. C'est dire s'il faut penser à bien d'autres choses qu'à la forme ou la couleur de ladite robe. Le plus important aujourd'hui semble être de concevoir le défilé et la publicité où l'on verra cette robe, la place qu'elle occupera dans la boutique et le papier de soie qui l'emballera : à l'ère des marques, le plus fort, c'est l'étiquette. Un modèle Gucci doit avoir toutes les caractéristiques que l'on attend de cette griffe et, quand on l'achète, il doit même vous faire passer un moment Gucci. C'est ce moment-là qui justifie le prix de la robe...

Finalement tout le mal que l'on souhaite à une maison, c'est de trouver un bon directeur artistique. Et de lui donner les moyens d'appliquer son « programme ». Imaginons un instant une maison qui embaucherait un styliste à qui elle ne donnerait pas les fonctions de directeur artistique et qui n'aurait pas son mot à dire sur les publicités et les boutiques. Entre la collection du podium et la publicité, les propositions pourraient être totalement différentes, voire pire, incohérentes. Il y aurait de quoi décontenancer le public, perdre des clients et désespérer les journalistes. Le directeur artistique est un chef d'orchestre qui a une vision globale de la maison. Et il a, comme on dit dans le milieu du cinéma, le *final cut*, le dernier mot. « J'aime, j'aime pas », on y revient toujours.

Mais puisqu'il n'y a pas que Tom Ford et Karl Lagerfeld dans la vie, penchons-nous un peu sur le cas de John

*La mode racontée à ceux qui la portent*

Galliano chez Dior. Quand il est arrivé en 1997, il a d'abord été chargé de dessiner les collections de prêt-à-porter et de haute couture. Il s'est « attaqué » à l'héritage en redonnant une actualité aux tailleurs bar, au pied-de-poule et au gris perle chers à M. Dior. Puis, petit à petit, il leur a insufflé sa « folie » à lui, en imposant la coupe en biais dont il est l'un des maîtres, son goût du spectacle et du travestissement et sa vision de la femme, sexy et déca-lée... À mille lieues du chic « new-look ». Si M. Dior aimait les corsets et les tailles marquées, Galliano invente des robes corsets mini et sangle les tailles jusqu'à les étrangler. C'est ce qui s'appelle moderniser les codes.

## 100 % Galliano

Même si, avec les années, il a un peu perdu les codes de vue. Pour en inventer de nouveaux, plus décoiffants : désormais, chez Dior, il y a des sangles, des vestes et des robes « décontextualisées » (en gros artistiquement vrillées), beaucoup de clin d'œil à la lingerie et des vêtements de sport réinterprétés en version XXL. Au bout de trois ans d'activité, John Galliano s'est vu confier un vrai titre de directeur artistique. Ce qui lui a permis de produire des accessoires, des gadgets « juniors » mais aussi un parfum (« Addict ») et des cosmétiques en adéquation avec son style. Il supervise aussi les publicités de toutes ces lignes. Ce qui s'est avéré être une stratégie gagnante. Car si les tenants du bon goût se sont pincé le nez, les clientes se sont ruées. Il faut dire qu'un parfum comme « J'adore » ou le sac Malice, dont Gwyneth Paltrow a fait la campagne

*Est-ce que Tom Ford a vraiment fait...*

de publicité, lancés sans l'imprimatur de Galliano, étaient totalement décalés avec son style. Et finissaient par désarçonner les clientes. C'est le succès remporté par la formule Galliano qui a poussé les dirigeants de Dior à donner à la maison une coloration 100 % John. Cela vient d'ailleurs d'arriver à Hedi Slimane qui, au terme de trois ans de bons et loyaux services qui avaient tout l'air d'une période d'essai, vient de voir « renouveler ses missions artistiques ». Il est donc désormais directeur artistique chargé des lignes Dior Hommes et des lignes de parfums et cosmétiques masculins Dior. Ce qui signifiera sans doute que Dior Hommes sera super Hedi. Et que les publicités pour les parfums, assez peu Slimane, aujourd'hui risquent fort de prendre un coup de frais. Le nouveau visuel de « L'Eau Sauvage », le parfum de papa par excellence, donne une première indication. Oubliés Zinedine Zidane et Johnny Halliday, c'est un éphèbe alangui qui incarne à présent cette fragrance. Signalons au passage que la nouvelle a coupé court aux rumeurs préférées du milieu. On disait John très fâché de l'ascendant pris par Hedi dans la maison ; on le disait furieux que certaines femmes, et non des moindres – Madonna, entre autres – commandent des costumes chez Dior Hommes. L'entourage d'Hedi avait aussi annoncé que l'atelier de sur-mesure mis en place par la division hommes de la maison avait pour vocation de proposer des modèles masculins adaptés au corps des femmes... avant de faire silence. La femme Dior, c'est John, un point c'est tout. On fut prié de ne plus évoquer le sujet en public.

La tâche d'un directeur artistique est donc, on le voit, d'une ampleur considérable. Étonnez-vous après qu'il ait

*La mode racontée à ceux qui la portent*

rarement le temps de dessiner les modèles lui-même. Dessiner, d'ailleurs, n'est plus l'essentiel du travail d'un directeur artistique. Et savoir dessiner n'est même pas une condition *sine qua non*. Avoir du style et des idées suffit... Ainsi, Consuelo Castiglioni, qui a fait de la jeune maison Marni, propriété de la famille de son mari, une des marques les plus désirables des années 2000, ne dessine pas. Elle ne sait pas. Elle n'a pas appris. La douce Consuelo travaille avec des boîtes dans lesquelles elle entrepose, comme le font les enfants, des bouts de tissu, des coquillages, des fleurs, des vieux vêtements, des photos, des phrases qui serviront de base à la collection. A-t-elle vraiment besoin de faire un dessin ? C'est grave, docteur ? Pas vraiment. Mademoiselle Chanel elle-même ne dessinait pas. Elle avait établi une ligne de vestes et de jupes, mis au point des codes très précis et donnait des indications que les ateliers savaient interpréter à la lettre. Dans les années qui ont suivi sa mort, les équipes de la rue Cambon ont même fonctionné en totale autonomie. Les premiers d'ateliers qui avaient l'allure Chanel dans le sang reprenaient les modèles, les modifiaient, cherchaient dans les archives... Ils faisaient du pur Chanel sans Chanel. C'est dire.

**Le mythe du créateur : Galliano show**

Aujourd'hui, bien sûr, les équipes de communication des maisons entretiennent encore le mythe de la création en véhiculant un discours où le directeur artistique explique sa démarche sans jamais faire référence à ceux qui l'entourent. Même à l'ère des marques, les griffes les plus belles

*Est-ce que Tom Ford a vraiment fait...*

ont besoin de s'incarner. S'offrir du Prada, c'est capter l'élégance et la culture de Miuccia, grande collectionneuse d'art contemporain. Acheter du Gucci, c'est sans doute s'offrir l'envie que l'on a de coucher avec Tom Ford. Par une dérive amusante, certains ont de plus en plus tendance à ressembler aux modèles qu'ils font défiler et *vice versa*. Lors de la dernière collection de haute couture Chanel, en juillet 2003, tout le monde a remarqué que Karl est venu saluer en pantalon blanc et veste de smoking noire, soit quasiment la tenue des mannequins. Mais celui qui a poussé le système le plus loin est sans doute John Galliano.

Moins business que Tom Ford, moins réfléchi que Karl Lagerfeld, Galliano vit ses collections jusqu'au bout puisqu'il adopte toujours une allure qui se rapproche – dangereusement disent certains – du thème de la collection. Le jour du défilé, il fait réaliser par son maquilleur, son coiffeur et son habilleur un look qui correspond à ce qu'il donne à voir sur le podium. Enfermé dans sa loge, il se prépare pendant que les mannequins, de l'autre côté du rideau, sont elles-mêmes habillées, maquillées, coiffées, surveillées par les collaborateurs de John. Le défilé ne commence que lorsqu'il est prêt. Quitte à accumuler près de deux heures de retard, comme lors de la haute couture de janvier 2003... C'est que Galliano est partie prenante du spectacle des défilés Dior dont on dit qu'ils sont les plus chers du milieu. À savoir près de 1,5 million d'euros chaque saison avec un top model pour chaque vêtement, musique à fond et parfois artistes de cirque ou chorale gospel sur le podium. L'apparition de John est le moment fort du show. Quand les filles viennent saluer, la salle retient son souffle

*La mode racontée à ceux qui la portent*

et, enfin, Il apparaît, dans une posture proche de celle d'une rock-star, révélant un corps huilé, une coiffure étudiée et le cas échéant un mini-short blanc surmonté d'une coiffe d'Indien ! Comme pendant un combat de boxe, il n'est pas rare que son équipe l'encourage en scandant des « John ! John ! » extatiques et qu'un chorégraphe orchestre les quelques pas qu'il va esquisser sur scène. Le soir où la maison a lancé « Addict », « son » premier jus, dont il a même dirigé le film publicitaire, les invités conviés au Lido ont eu la surprise de le voir descendre d'une lune de lumière géante... comme une meneuse de revue ! « Il a besoin de ça parce qu'il est tellement timide qu'il ne peut pas faire profil bas, sinon il est paralysé », analyse son ami Giambattista Valli, directeur artistique de la maison Ungaro. Ce que confirment tous ceux qui l'ont approché. Galliano est décidément l'anti-Tom Ford, un artiste qui, lorsqu'il n'est pas sur scène, murmure comme un enfant. Cela justifie toutes les audaces vestimentaires qu'il s'autorise sur le podium. On peut appeler cela un système. Mais il fonctionne du feu de Dieu.

Comme beaucoup de directeurs artistiques mais, bien plus que les autres, John Galliano fait partie du concept Dior. Lorsqu'un patron engage un directeur artistique, il a tout intérêt à bien le regarder : décidément, il ne suffit pas de savoir dessiner, ni même d'avoir des idées, il convient aussi d'être doté d'un certain charisme. Voire d'une belle allure. De Nicolas Ghesquière ou d'Hedi Slimane, il n'est pas rare d'entendre : « Et en plus ils sont sublimes à regarder ! » D'Alber Elbaz qui ne boxe pas forcément dans la catégorie beau gosse, on dit : « Il est tellement craquant. »

*Est-ce que Tom Ford a vraiment fait...*

Car finalement porter des petites lunettes d'intello et avoir l'humour d'un Woody Allen sont aussi une bonne chose pour plaire aux journalistes. Donc au public.

## Ici les studios

Si un directeur artistique vient saluer seul à la fin du défilé, cela ne signifie pas pour autant qu'il a tout fait tout seul. Même s'il n'est pas convenable de le dire. Les équipes, si elles sont parfois pléthoriques (près de deux cents personnes chez Prada contre une vingtaine chez Sonia Rykiel), sont en effet maintenues quasiment au secret. Les collaborateurs des grands ne sont en général pas autorisés à sortir de l'ombre ni surtout à s'exprimer. Et quand on les interroge, ils s'en tiennent à peu près tous à des banalités respectueuses sur le génie de leur directeur artistique et la petitesse de leur tâche à eux. Il règne encore dans les maisons modernes, cotées en Bourse et surorganisées, la même révérence que celle qui prévalait du temps des maîtres de la haute couture. Pourtant, il suffit de pousser les portes des studios de création pour constater que l'on n'est plus au temps de *Falbalas* de Jacques Becker. Et que les collaborateurs des directeurs artistiques cultivent tous un look branché qui semble être la garantie de leur talent. Les couloirs élégants de l'avenue Montaigne, tout en moulures et stuc, comme les minimalistes maisons milanaises, résonnent d'ailleurs souvent de musiques électroniques dernier cri. Alors que les bureaux croulent sous les revues pointues, les gadgets kitsch et les vêtements chinés aux puces de Tokyo ou de Los Angeles. Ambiance créative de rigueur...

*La mode racontée à ceux qui la portent*

Sous l'apparent bordel, les choses sont en réalité assez hiérarchisées. Il y a le bras droit du créateur – chef de studio, premier assistant ou directeur de collection – qui est un grand ordonnateur ; puis les stylistes en charge d'un secteur (sacs, bijoux, maille, chaussures, enfant..., soit tout ce que le directeur artistique ne « sait » pas faire lui-même) qui tiennent le crayon et conçoivent les collections ; et les dizaines d'assistants qui font à peu près tout et n'importe quoi. Y compris apporter des idées... Ces derniers pouvant monter en grade s'ils font preuve d'un certain talent. Un bon studio est un laboratoire. Qui bouillonne.

Ce qu'un directeur artistique débordé demande à ceux qui travaillent sous son aile, c'est surtout de le nourrir. La vivacité d'un studio et sa modernité finissent toujours par se « voir » sur les podiums et dans les collections. C'est pourquoi les chasseurs de têtes traquent avec une grande constance les seconds voire les troisièmes couteaux des grandes maisons. À la Bourse des valeurs, les anciens de chez Prada, Sonia Rykiel, Martine Sitbon mais aussi Versace, pour ne citer qu'eux, sont demandés et très souvent débauchés. À la grande époque des transferts, avant Alber Elbaz, la maison Lanvin avait d'ailleurs embauché Cristina Ortiz, formée par Mme Prada, quand Guy Laroche s'était attaché les services d'Yvan Mispalaere, un autre ancien de chez Miuccia. Ces deux-là n'ont pas convaincu mais le pli était pris.

Cependant il est rarissime, on l'a vu, que ces gens sortent de l'ombre quand ils sont encore en exercice. Ainsi, on sait que chez Saint Laurent, le plus proche collaborateur de Tom Ford est Stefano Pilotti, transfuge de chez Miu

*Est-ce que Tom Ford a vraiment fait...*

Miu, la ligne junior de Prada. Cela a été annoncé au début. Mais depuis, plus rien sur lui. Seule exception à la règle : Fabio Zambernardi, trente-huit ans, beau garçon au physique de pâtre grec, qui est le bras droit de Miuccia Prada. Il est officiellement directeur de la création et supervise toujours les collections de chaussures. Son but, dit-il, est de dessiner les chaussures qu'elle aurait créées elle-même si elle en avait le temps. Doux euphémisme ! Il donne aussi son avis sur le style en général et c'est lui que l'on envoie dans les maisons du Prada Holding pour structurer les départements accessoires. Après seize ans de loyaux services, Zambernardi, qui a la confiance absolue du couple Prada-Bertelli et fait figure du numéro trois, a donné quelques interviews. Cela n'a l'air de rien mais c'est quasiment une révolution... Si les Prada-Bertelli acceptent que Fabio se fasse un peu connaître, c'est sans doute en raison de son exceptionnelle longévité et aussi parce qu'ils n'ont probablement pas trop de craintes de le voir partir, bien qu'il soit l'un des hommes les plus courtisés du milieu. Et quand on lui demande s'il a envie d'aller voir ailleurs, sa réponse est sans appel : « Chez Prada, je fais des choses que je ne pourrais jamais faire si j'avais ma propre collection parce que je n'aurais pas l'argent et les structures. Et quand je veux faire quelque chose de nouveau, ils ont l'usine avec l'artisan qui va réaliser le prototype. Je n'ai pas à voyager dans toute l'Italie à la recherche du type qui accepterait de le faire pour moi tout seul... » Il parle comme un directeur artistique.

*La mode racontée à ceux qui la portent*

## Tom Ford, le retour

Une maison, au fond, est un tout. Il faut constituer un bon studio, mettre en place une organisation rigoureuse. Mais il faut surtout que l'union entre la griffe et son directeur artistique soit un mariage réussi. Ce qui semble être le cas entre Galliano et Dior comme entre Tom Ford et Gucci. Ces jours-ci, de terribles incertitudes pèsent sur la love story entre Tom et Gucci. Résumons... Quand François Pinault et PPR sont entrés chez Gucci et l'ont aidé à devenir le groupe que l'on sait, une des clauses du contrat établissait qu'en 2004 PPR devait racheter les parts restantes pour devenir pleinement propriétaire du groupe. Et accessoirement réinjecter un peu d'argent frais dans le capital de Gucci qui est très, très malmené par la crise. Depuis deux ans, en effet, les résultats de Gucci sont beaucoup moins rutilants qu'à la fin des années 1990. La maison Saint Laurent peine à reprendre de la vigueur. Pour les dirigeants de PPR, la tentation est donc grande de remettre en cause la toute-puissance de Domenico de Sole et de Tom Ford. Pour la première fois dans sa fulgurante carrière, le Texan collectionne même les mauvaises critiques. On l'accuse justement d'être trop directeur artistique et pas assez créateur, d'abuser de la visioconférence et de ne pas user assez de son carnet à dessin. On avance aussi qu'il y a trop de choses sur son agenda et qu'il ferait mieux de se pencher sérieusement sur les maisons Gucci et Yves Saint Laurent qui risquent de se cannibaliser car elles n'ont pas des styles assez différents. Mais Tom Ford comme Domenico de Sole n'ont évidemment aucune envie de se sou-

*Est-ce que Tom Ford a vraiment fait...*

mettre... Et l'on murmure, de plus en plus fort, que le premier pourrait quitter son poste en récupérant tout l'argent qu'il a gagné. « Prends l'oseille et tire-toi », on a du mal à croire que ce soit un programme pour Tom Ford, même s'il a largement de quoi vivre et qu'il dit partout qu'il aimerait devenir réalisateur de cinéma. Et puis, on a un peu de mal à imaginer Gucci sans lui... L'affaire promet en tout cas, d'être la plus suivie de l'année 2004. M. le directeur artistique n'a pas fini de faire parler de lui.

# 3

## Pourquoi, sur les podiums, tout a l'air im-por-table ?
### Ou
### Des collections à deux vitesses

Il a un air poli, pareil à celui d'un enfant bien élevé. Sur son visage légèrement incliné se dessine juste un petit sourire, entre le rictus et la moue. À la fois amusé et ravi... Il a posé ses mains bien à plat sur ses jambes croisées. Son costume gris clair s'assortit parfaitement à ses cheveux à peine argentés. Pourtant, il est difficile de lui donner un âge. Il ressemble décidément à un petit garçon qui aurait grandi d'un coup... et trouverait follement gai ce qu'il voit, un peu plus haut, sur l'immense podium aux reflets d'aluminium. En l'occurrence, une créature au maquillage de drag-queen, chaussée d'hallucinants socques qui culminent facilement à plus de douze centimètres au-dessus du niveau de la mer et vêtue d'une jupe moulante en latex transparent qui ne laisse rien ignorer de la culotte en cuir rouge qu'elle porte dessous. Une jupe dont on ne peut pas s'empêcher de penser qu'elle est aussi près du corps qu'un préservatif

*La mode racontée à ceux qui la portent*

et qui n'est d'ailleurs pas désagréable à regarder puisqu'elle est, ici, portée par le mannequin Élise Crombez, une jeune Belge que l'on s'arrache depuis qu'elle a « fait » la pub Prada. Nous sommes chez Christian Dior par John Galliano. Et le « grand petit » garçon qui sourit au pied du podium est Bernard Arnault. Le « patron ». Le tycoon de la mode. Le numéro un mondial du luxe. La trente-sixième fortune mondiale selon le magazine *Forbes*. La deuxième fortune de France. L'un des hommes les plus puissants du monde. Et pas seulement de la mode.

Il se trouve que Bernard Arnault est très sourcilleux sur le sujet Dior en général et sur John Galliano en particulier. Il adoooore Dior. Il est fou de John. Ceux qui le connaissent affirment que Galliano le fantasque est une sorte d'âme damnée d'Arnault, l'animal à sang-froid. Qu'il est l'artiste que lui, le polytechnicien, n'est pas et ne sera jamais. Il peut piquer des colères noires quand paraît un mauvais article sur une collection Dior. Ce qui arrive fréquemment tant la presse a du mal à appréhender les folies gallianesques. En fait, il semble que Bernard Arnault s'offusque que les journalistes ne comprennent pas le talent de John qu'il considère comme l'égal d'un de ces grands maîtres de l'art qu'il collectionne. Suzie Menkes, encore elle, sait de quoi il retourne puisque à l'automne 2001, elle avait été interdite de tous les défilés LVMH au lendemain d'une mauvaise critique sur Dior. Elle trouvait d'assez mauvais goût les références à l'Orient quelques jours seulement après le 11 septembre. Elle fut proprement et simplement expulsée du défilé Givenchy qui a suivi. L'affaire s'est réglée après des heures de tractations menées par les hommes de

*Pourquoi, sur les podiums, tout a l'air im-por-table ?*

confiance du patron de LVMH. Toucher à Galliano, c'est quasiment toucher à Arnault lui-même.

## La galaxie Dior

Il adooooore Dior ! Un point, c'est tout. Et sa femme, la blonde Hélène, pianiste canadienne, aussi. Elle ne sort jamais sans être sanglée dans une des surprenantes tenues des collections Dior par Galliano. D'ailleurs, elle arbore le même sourire discrètement extatique devant la jupe de latex. La longue jeune fille blonde qui se trouve quelques places plus loin sourit elle aussi, de ce même rictus énigmatique. Et pour cause, c'est Delphine, la fille aînée que Bernard Arnault a eue d'un premier mariage. Après avoir suivi un cursus classique dans une école de commerce, elle a rejoint Christian Dior et vient d'entrer au conseil d'administration du maroquinier espagnol Loewe avec pour mission de « rebrancher » celui que l'on présente souvent comme l'Hermès ibérique. Mais ces éléments du CV de Delphine sont tenus strictement secrets par les services de communication des différentes maisons qui ont ordre de ne pas mettre en avant la ravissante Mlle Arnault. Cette liane chic sur laquelle tous les regards se portent apparaît aux yeux de beaucoup comme la logique héritière de son papa. Travailler chez Dior auquel il est si attaché, c'est, pour les observateurs, un signe qui ne trompe pas. La famille Arnault applaudit à tout rompre quand John Galliano s'avance, dans son habit de lumière, pour saluer la salle.

Et le commun des mortels à qui Marie-Christiane

*La mode racontée à ceux qui la portent*

Marek, la grande prêtresse de la mode sur la chaîne câblée Paris Première, présente le défilé en léger différé ne boude pas son plaisir. Ça c'est de la mode, ça c'est du spectacle, ça c'est de la création folle ! Finalement, la question devant un défilé Dior n'est pas de savoir si on aime ou pas mais plutôt : « Qui va bien pouvoir porter ça ? » Et si on veut être honnête, la question ne se pose pas uniquement pour Dior mais pour la quasi-totalité des maisons qui défilent. Si on réalisait un micro-trottoir sur la mode aujourd'hui, il y a fort à parier que le verdict le plus répandu serait : « Beau mais importable ! »

Ce qui est bien normal si l'on songe que les défilés de mode orchestrent en général un déferlement de filles en jupes plus que courtes, même l'hiver, de maillots de bain quasi inexistants portés avec des talons vertigineux, de pantalons à taille ultra basse coordonnés à des micro pulls. Ou carrément à des maxi tops... Quand ce n'est pas des tailleurs en matière de combinaisons de plongée. On exagère un peu, mais à peine. Quand on se contente d'y jeter un œil, la mode ces temps-ci semble bien exigeante : elle requiert des jambes ultra longues, un ventre d'une grande fermeté mais aussi une limousine climatisée, une vie oisive et pas le moindre nourrisson dans les parages. Et l'on entend gronder au loin le discours classique des révoltés de la fashion : « Les créateurs ne pensent pas aux femmes, aux vraies ! » La réponse est : non, ils n'y pensent pas une seconde. La réponse est aussi : si, ils y pensent sans cesse. Car quand les créateurs conçoivent une collection, ils ont surtout en ligne de mire le défilé, qui doit par définition être l'expression la plus extrême, la plus spectaculaire de

*Pourquoi, sur les podiums, tout a l'air im-por-table ?*

leur mode. Dans ce cas, elle sera portée par des filles dont c'est précisément le métier de ne pas être de vraies femmes. Quand ils conçoivent une collection, ils pensent aussi aux clientes, qui sont loin de toutes avoir des jambes de déesses et à qui il va falloir forcément fournir des versions achetables donc portables de ce qui a été montré par les créatures des podiums. Sans cela, la mode ne peut pas espérer prospérer, voir assurer sa fortune. On est là au cœur de la problématique fashion.

Si l'on s'en tient à l'exemple de la maison Dior, on voit bien comment les collections sont à plusieurs vitesses. Il y en a pour tous les goûts et pour tous les genres, puisque les addicts de Dior ont des allures aussi différentes que celles de l'actrice Rosanna Arquette et de Mme Chirac. À Rosanna le pantalon moulant rebrodé de miroirs avec tee-shirt « Dior j'adore » ultra moulant, à Bernadette le classique tailleur à l'audacieux imprimé camouflage qu'elle portait en 2001 lors d'une visite dans son village de Sarran en Corrèze.

## Le spectacle est sur le podium

On comprend donc qu'il existe, pour la bonne cause, un certain fossé entre ce qui est montré pendant les défilés et ce qui est proposé à la vente. Mais, il n'y a pas lieu de s'en offusquer car ce qui importe au moment des collections, c'est surtout de donner à voir des tendances marquantes et des images séduisantes que le public va retenir. En anglais, un défilé se dit *show* comme un spectacle et ce n'est pas pour rien. Ce spectacle-là est aujourd'hui un des

*La mode racontée à ceux qui la portent*

plus médiatisés qui soit. Prenons l'exemple de Paris qui reste, malgré les coups de boutoir que lui portent Milan, Londres ou New York, la plus grande capitale de la mode. Avec quatre sessions de défilés rien que pour la mode féminine – haute couture d'été en janvier, prêt-à-porter automne-hiver en mars, haute couture d'hiver en juillet et prêt-à-porter printemps-été en octobre – elle totalise le plus grand nombre de shows au monde. Ils sont couverts par près de deux mille journalistes venus d'une vingtaine de pays dont des contrées aussi variées que l'Équateur, les États-Unis, le Japon, l'Australie ou la Corée.

Du temps de la haute couture triomphante, les défilés avaient lieu dans les salons feutrés des maisons, dans un silence presque complet. Les mannequins passaient, le numéro de leur tenue à la main. Aujourd'hui, c'est un grand bazar médiatique qui n'a rien à envier au festival de Cannes ou au tournoi de Roland-Garros. S'y pressent, pêle-mêle, des armées de journalistes et de rédactrices de mode, une bordée d'attachées de presse, et des murs entiers de photographes et de cameramen. Sans compter quelques stars de plus ou moins grande envergure invitées pour apparaître au premier rang. Bref, c'est un véritable cirque où chaque groupe a ses propres vedettes. Ainsi, dans les rangs de la presse, règnent des impératrices comme Carine Roitfeld, Anna Wintour ou Suzie Menkes. Ce sont elles surtout que les défilés doivent convaincre car elles feront passer le message auprès de leurs lecteurs... qui sont aussi des consommateurs.

Pour le milieu de la mode, l'année civile commence donc autour de la mi-janvier avec les présentations de haute

*Pourquoi, sur les podiums, tout a l'air im-por-table ?*

couture. La haute, c'est ce qui se fait de plus chic et de plus exceptionnel dans la mode. Cela n'existe pratiquement plus qu'à Paris où une dizaine de grandes maisons entretiennent encore des ateliers avec des premiers et des petites mains chargées de réaliser sur mesure les modèles que ne portent qu'une poignée de femmes dans le monde. Des richissimes de la trempe de Liliane Betancourt, propriétaire de L'Oréal, de l'élégante mondaine new-yorkaise Nan Kempner et autres milliardaires de Los Angeles ou Dubayy. C'est dire si les tendances qui se dégagent lors de ces collections-là ne concernent pas grand monde. Mais, les images sont spectaculaires et font les beaux jours des magazines et des journaux télévisés qui ne manquent pas de consacrer quelques reportages en couleurs à ces robes de rêve : une belle publicité gratuite et une occasion supplémentaire de faire entendre son nom – Chanel, Dior, Gaultier... Cela entretient le désir du public pour la marque et, comme le soulignent les observateurs « cela permettra toujours de faire vendre du parfum ». Même si beaucoup de maisons ont jeté l'éponge ces dernières années, celles qui continuent cette dispendieuse activité comptent évidemment sur ce genre de retombées. Personne ne se soucie donc de l'aspect portable d'une collection de haute couture. Jusque celle de janvier 2003 par John Galliano pour Dior qui, ébouriffante de virtuosité technique, présentait les mannequins artistiquement empaquetés dans des mètres de soie, la silhouette tanguant sur des talons au-delà de toute hauteur. Et l'assistance habituée à la démesure de John n'a même pas songé à s'en émouvoir... Pourtant, dans les jours qui ont suivi, l'élégant P-DG de la maison, Sydney Toledano, un centra-

*La mode racontée à ceux qui la portent*

lien originaire d'Afrique du Nord, aussi charmant qu'intelligent, faisait savoir sur le ton de la confidence que la maison avait d'ores et déjà mis au point une collection « adaptée » pour les clientes.

## Prêt-à-porter portable ?

Les défilés de prêt-à-porter sont censés avoir un effet plus direct sur le public. Ce qu'on y montre, c'est théoriquement ce qui sera en boutique, « prêt-à-porter », six mois plus tard. Sauf qu'il se passe pas mal de choses pendant ces six mois. La collection est d'abord vendue aux acheteurs des boutiques, qu'elles appartiennent à la maison ou qu'elles soient indépendantes. Elle est ensuite mise en scène dans une campagne de publicité. Puis montrée dans les journaux de mode, qui vont publier les images des défilés puis photographier leurs modèles préférés. Et tout au long de ces semaines, elle est évidemment produite par les usines. Ce qui laisse pas mal de temps à l'éventuelle cliente pour s'imprégner des tendances phares de la saison à venir. Ainsi, en juillet et août, quand elle est encore sur la plage, elle a déjà droit à un avant-goût de ce que sera la mode d'hiver. Or ce qu'on lui montre, c'est ce qui émerge, ce qui a été le plus frappant au moment des défilés. Et on retrouve donc souvent, d'un journal à l'autre, les mêmes vêtements et les mêmes accessoires. C'est dire si le moment du défilé est crucial et si l'objectif est plus d'être marquant que d'être portable. Les images fortes des défilés feront forcément les images fortes des journaux. Pourquoi se priver, dans ces conditions, de mini très mini et de

*Pourquoi, sur les podiums, tout a l'air im-por-table ?*

talons très talons, de maillots de bain avec lesquels on a envie de tout faire sauf de se baigner et de manteaux à longs poils bien trop Cruella pour aller chercher les enfants à l'école ?

Ce qui compte, c'est d'exciter les papilles de la cliente, de l'obliger à faire obliquer son regard vers la légende de la photo où s'inscrit le nom de la marque. Et il est évident qu'à ce jeu-là les jupes droites noires et les pulls col roulé gris n'ont pas le même effet que les mini-mini et les maillots qui ressemblent à des robes du soir. Car dans le secret des studios de création, les équipes ont concocté, pour la cliente alléchée par les images, des versions portables de ce qui a défilé. Même une collection qui a tout du carnaval de Rio peut avoir sa version soirée à l'Élysée en magasin... Si les jupes sont très courtes, les hauts très moulants et les talons très hauts, on livrera donc des jupes moins courtes, des hauts un peu plus larges et des talons réalistes. Certains vêtements très, très fous ne seront tout simplement pas produits, même en version « normalisée ».

## La haute voltige de la boutique

Dit comme ça, ça a l'air très simple. Pourtant l'exercice demande plus de subtilité. La presse invitée aux défilés veut évidemment avoir quelque chose de fort à se mettre sous la dent et elle déteste sortir d'un show en ayant l'impression que ça ne valait pas la peine de se déplacer pour quelques jupes noires et deux ou trois cols roulés gris. Elle veut des sensations fortes. Et les maisons entendent les lui donner car il leur faut évidemment se distinguer, tirer

*La mode racontée à ceux qui la portent*

leur épingle d'un jeu où il peut y avoir jusqu'à quinze présentations par jour. Mais les pros se méfient aussi du n'importe quoi, du show pour le show et ils ont l'œil pour repérer les pièces qui, dans la folie, constituent l'ossature d'une collection. S'il y a des modèles réalistes dans un défilé cela prouve que derrière, en coulisses, il y a de quoi remplir les boutiques. Cela vaut un peu pour les journalistes mais aussi et surtout pour les acheteurs des boutiques. Les bonnes maisons, les plus matures, sont celles qui savent équilibrer la collection podium et la collection commerciale. Dans les années 1980, du temps où Jean Paul Gaultier et les créateurs de sa génération enflammaient Paris, le fossé entre le podium et la boutique était grand. Bien trop grand. Car la mode était vécue comme une fiesta où tout était permis pour peu que l'on s'amuse. Les modèles des défilés avaient tout du costume de scène et ce qui était proposé à la vente n'avait plus rien à voir et était souvent assez bâclé. On était dans l'art pour l'art. Alors qu'aujourd'hui, même si c'est sur le podium que ça a l'air de se passer, c'est tout de même à la caisse que l'affaire se joue.

C'est pourquoi la collection commerciale elle-même doit faire l'objet de tous les soins. À la vente, il faut des jupes raisonnables en quantité suffisante mais aussi les mini-mini-mini que l'on a vues sur le podium, dans les journaux et dans les campagnes de publicité... Ces modèles-là sont appelés les « pièces images » et en général elles scintillent dans la vitrine, généralement juste devant les photos des publicités où la fille porte exactement la même tenue, histoire que l'on sache que l'on est à la bonne adresse. Car c'est précisément ces images qui nous ont

*Pourquoi, sur les podiums, tout a l'air im-por-table ?*

amenés jusque ici. La fameuse mini, on doit pouvoir la voir, la toucher et éprouver la folle sensation que l'on vit dans un monde où des choses aussi courtes existent. Plus fou encore, le bonheur inouï que l'on peut éprouver à trouver, parmi ces jupettes, une jupe qui vous va. Tout court. Même normale, elle doit donner l'impression d'être mini. L'équilibre, voilà donc la clef. Car il arrive parfois que l'on pénètre dans les boutiques avec l'étrange sensation que l'on ne retrouve rien de ce que l'on a vu sur les podiums ou dans les magazines. Ou juste une ou deux choses perdues dans un océan classique. C'est une défaillance qui peut coûter cher à une maison et qui relève toujours d'un certain dysfonctionnement. Il faut comprendre que la marque essaie de se « brancher » en organisant des défilés tapageurs et séducteurs mais qu'elle a encore une clientèle tradition-nelle qui veut les choses qu'elle a toujours connues. Le risque, c'est de mécontenter les filles pointues attirées par les images du podium ou de la publicité. Mais aussi leurs mères, les fidèles de toujours, qui risquent à la longue de ne pas se reconnaître dans la représentation que donnent les médias de la marque.

**Priorité aux ventes**

Savoir doser l'image et le commercial est tout un art. En général, ce dosage-là se décide en haut lieu, dans l'entourage proche du directeur artistique. Car autour du studio gravitent aussi des dizaines de personnes dont le travail est de vendre les idées de l'équipe de création. Ils sont plus ou moins nombreux selon la taille de la maison...

*La mode racontée à ceux qui la portent*

Il y a d'abord des gens dont le boulot est de penser à des déclinaisons commerciales pour les modèles que l'on présente pendant les défilés et à la presse ; ils font souvent partie du studio de création. Ils « normalisent » les vêtements qui en sortent pour les rendre portables, donc achetables par une cliente lambda. Il y a aussi des gens liés à la production, donc aux usines, qui sont chargés de dire si les modèles sont réalisables et d'évaluer leurs coûts. Ce sont eux qui, souvent, poussent à simplifier le modèle pour qu'il se plie mieux aux contraintes de la production et de la vente. Plus c'est cher à produire, moins ça leur plaît... encore qu'il peut être judicieux de vendre des choses de très grande qualité donc très chères quand on est une maison haut de gamme. Ils ont aussi la lourde tâche de vérifier que les usines produisent des modèles en adéquation avec le standing de la marque et le style de la maison. Il y a surtout des équipes commerciales qui détiennent toutes les informations relatives aux ventes. Qu'est-ce que les clients ont beaucoup acheté cette saison ? Qu'est-ce qu'ils ont boudé ? Nous ont-ils demandé des sacs plus grands et des vestes plus longues ? Des pantalons ou des jupes ? Ils répercutent ces informations au studio qui va inclure, souvent dans le versant le plus commercial de la collection, de grands sacs, des vestes longues et des jupes en quantité suffisante pour satisfaire la clientèle. Ces méthodes-là ne sont pas particulièrement fashion, elles sont celles de toute l'industrie.

Elles ont toutefois atteint un degré de sophistication inégalée dans le groupe LVMH et notamment chez Chris-

*Pourquoi, sur les podiums, tout a l'air im-por-table ?*

tian Dior. L'idée, selon la doctrine LVMH, est que la haute couture et ses délires dictent tout. Galliano est donc tout à fait libre de faire absolument ce qu'il veut sur le podium. Les équipes qui travaillent dans son sillage reprendront les grandes lignes pour en faire des accessoires, des tee-shirts, des vêtements et mille autres choses encore. S'il y a une robe fermée par des dizaines de boucles en haute couture, on reprend l'idée de la boucle sur un escarpin, un petit haut à bretelles ou un porte-monnaie. Ces équipes travaillent sous la direction de Valérie Hermann, directrice générale de Dior Couture, qui avoue elle-même n'avoir strictement aucune notion de style puisqu'elle vient de la finance. Mais elle s'y entend comme personne pour transformer en babioles griffées les « délires » créatifs de John. Dans le milieu, on appelle ça « les structures de compensation ». « C'est la clef du succès de la maison, théorise un observateur. D'un côté, vous avez John qui est autorisé à tout faire sur les podiums, surtout si ça fait beaucoup de bruit et que cela attire l'attention sur la marque. De l'autre, vous avez les équipes qui seraient prêtes à aller chercher le moindre de ses croquis de haute couture dans la poubelle pour en faire un étui à portable. » La robe de haute couture, c'est sans doute John qui y a pensé, l'étui à portable, il s'est contenté d'y jeter un œil pour vérifier qu'il a bien un air de famille avec la robe de départ. Mais c'est dans la période du défilé, juste avant ou juste après, que les choses sérieuses commencent. Pendant ce qu'il faut bien appeler la campagne des ventes. À ce moment-là se réunissent, dans les élégants showrooms des maisons ou dans la suite d'un grand hôtel, tous les responsables des boutiques qui ven-

*La mode racontée à ceux qui la portent*

dent la marque dans le monde. Atmosphère feutrée, petits-fours et bougies parfumées, ces sessions sont de la première importance et les acheteurs extrêmement chouchoutés. Ils sont pris en main par des équipes de vendeurs de la maison ultra briefés pour faire passer le message de la collection. Ces vendeurs, dont les meilleurs passent de maison en maison, montrent aux acheteurs l'intégralité de la collection, sa partie spectaculaire comme son aspect commercial. Tout leur talent va donc consister à faire acheter aux boutiques assez de l'une et de l'autre. C'est facile quand il s'agit des boutiques que contrôle la maison, cela demande plus de doigté avec des multimarques qui proposent une dizaine d'autres griffes et qui entendent choisir ce qui leur plaît. Et surtout ce qui plaît à leurs clientes. Alors, on négocie. Avec la plus élégante des courtoisies. Dans un showroom, personne ne beuglera jamais : « Prenez-m'en trente, je vous fais un prix. Sur ma vie, ça va partir comme des petits pains ! » ou « La vérité, n'hésite pas. Il faut laisser la chance au produit ! » Les vendeurs font l'article en chuchotant et remplissent les bons de commande avec des sourires distingués. Évidemment, tout le monde fait des choix. Seules les énormes boutiques des maisons, ce qu'on appelle les « navires amiraux », proposent l'intégralité de la collection. Les autres dosent en fonction de leur environnement. On ne choisit pas les mêmes pièces selon que l'on se situe dans le très branché quartier de Meat Market à New York ou dans une rue calme du XVI$^e$ arrondissement parisien. Plus d'image par-ci, plus de commercial par-là.

Les maisons contrôlent de plus en plus les boutiques qui les commercialisent, même quand elles ne leur appar-

*Pourquoi, sur les podiums, tout a l'air im-por-table ?*

tiennent pas. Si personne ne fait trop de difficultés à des lieux aussi prestigieux que Colette à Paris, Barney's à New York ou Selfridges à Londres, il n'en va pas de même pour la petite boutique de province. Elle est sommée de fournir la liste des marques qu'elle vend, de donner des indications sur sa déco et son standing avant d'avoir le droit de vendre telle ou telle griffe. Pour être plus clair : quand on s'appelle Prada, on préfère être vendu à côté de Gucci qu'avec Marcelle Griffon. Et l'on est prié à la fin de chaque saison de produire un chiffre d'affaires, en hausse, s'il vous plaît, avant de repasser commande... Pas question pour la boutique de sauter une saison si elle est ratée, sinon c'est la rupture. Pourtant, malgré ces dures règles du jeu, les maisons et les acheteurs entretiennent souvent des rapports au long cours. Et quand débute la période des ventes, souvent au lendemain même du défilé, tout le monde se retrouve avec joie pour papoter autour d'un thé de prix ou d'un verre d'eau minérale rare. « Arriver dans le showroom, c'est le meilleur moment, explique une acheteuse. Le show nous a donné une idée mais c'est là qu'on voit si la collection est réussie ou pas. Et comment on peut la travailler. »

**Entre l'hiver et l'été...**

Ces dernières années, les vendeurs et les acheteurs s'entendent d'autant mieux qu'ils se voient énormément. Car, en plus de l'été et de l'hiver, il y a maintenant des pré-collections, des collections de demi-saison qui viennent s'intercaler entre l'hiver et l'été. Dans le jargon, on dit « croisière » pour la collection d'avant l'été, et « pré-fall »

*La mode racontée à ceux qui la portent*

pour l'automne. Vous avez du mal à suivre ? Pas de panique. Pour comprendre, il faut remonter le temps. Les collections croisière étaient, à l'origine, destinées à un micropublic, celui qui a coutume de partir au soleil l'hiver. En gros, quelques riches Américaines qui avaient besoin de robes de cocktail et de sorties de bain pour les porter sur leur bateau ancré aux Caraïbes pendant les fêtes de fin d'année. C'était, disait-on sans rire, un service à rendre aux clientes que de leur proposer deux ou trois choses légères à glisser dans leurs valises juste après Noël. Pourtant, à la fin des années 1990, toutes les maisons se sont mises à généraliser la pratique des pré-collections. Et même à organiser de véritables défilés pour les montrer à la presse. Car commercialement, les pré-collections sont cruciales. Elles arrivent en effet en boutique dans un moment creux, où la collection a un goût de déjà-vu et où tout le monde ne pense plus qu'aux soldes. Cela fait une injection de nouveauté qui peut donner un coup de fouet à la consommation. Au moment où les soldes démarrent, la cliente peut, sur un malentendu, s'offrir une chemise inédite de la pré-coll' plutôt qu'une jupe de la vraie collection, au rabais, mais déjà beaucoup vue. Les Américaines, qui achètent traditionnellement leurs vêtements très tôt dans la saison, sont ravies. Mais en Europe aussi les saisons ont tendance à se raccourcir. Il n'est pas rare, avenue Montaigne, à Paris, de vendre des manteaux de fourrure en plein été. D'autant que, souvent, c'est la période où les clientes du Moyen-Orient viennent faire leur *shopping tour* et s'approvisionnent pour le reste de la saison. Dans tous les cas, on joue sur la délicieuse sensation que procure la vision d'un beau

*Pourquoi, sur les podiums, tout a l'air im-por-table ?*

pull en plein mois de juin ou celle d'une robe légère mi-février...

Accessoirement, les pré-collections capitalisent aussi sur l'accélération des rythmes de la mode : à tous les niveaux de la chaîne, le milieu a ressenti les secousses de ce que l'on pourrait appeler la « révolution » Zara ou H&M. Quand il y a sur le marché des marques qui introduisent en magasin des nouveautés quasiment toutes les semaines, on finit par s'y habituer. Et par se lasser de voir d'un bout à l'autre de la saison les mêmes choses en magasin. Reprises en plus dans les journaux ou les campagnes de pub. N'allez pas pour autant nous faire dire n'importe quoi : les grandes maisons n'ont pas eu l'idée des pré-coll' à cause de Zara. Mais il est évident qu'aujourd'hui le regard se lasse très vite et que vêtements et accessoires se « périment » à vitesse grand V. La nouveauté est presque plus importante que la création.

D'ailleurs, les pré-coll' sont souvent plus accessibles, en termes de prix et d'allure, que les vraies collections, celles qui donnent lieu à de grands défilés. Ce qui nous ramène à notre problématique de départ : la pré-coll' est plus portable. C'est un hors-d'œuvre, où l'on trouvera des pièces assez basiques qui donnent des indications sur la « couleur » du défilé à venir. Pour certaines marques, la pré-coll' est donc un moyen de vendre des pièces plus « grand public » sans pour autant avoir recours à une seconde ligne qui donnera toujours l'impression d'être une ligne au rabais. Ça marche quand c'est Miu Miu et que ça ne s'appelle pas Prada bis : sinon ça fait sous-marque et c'est l'horreur absolue. Dans certaines maisons, les pré-

*La mode racontée à ceux qui la portent*

collections ont pris une telle importance qu'elles assurent l'essentiel du chiffre d'affaires et la vraie collection n'est plus qu'un complément pour faire de l'image. Dans tous les cas, le commerce du vêtement haut de gamme obéit à une loi simple : plus les choses sont livrées tôt dans la saison, mieux ça se vend. Plus tard, les clientes fortunées ont déjà une garde-robe bien remplie et n'ont plus envie de grand-chose, et les autres, les normales, attendent les rabais. En plus, les mieux informées ont tendance à se ruer car elles savent que les maisons ne rechignent pas à organiser la carence. Elles commandent de toutes petites quantités qui s'épuisent très vite et ouvrent ensuite des listes d'attente... On s'inscrit, on patiente, on a l'impression d'être dans un club très fermé de gens qui savent, on meurt ! Et il est si chic pour les maisons de laisser filtrer que « oui, ces escarpins-là sont en liste d'attente ». Dans les années fastes, ces ruptures de stocks semi-voulues créaient le *buzz*, le bruit, le phénomène. Avec la crise, la pratique a tendance à se raréfier. Il est évidemment beaucoup plus immoral de communiquer sur une disette de sacs en croco ou une carence en escarpins en python.

**Profession : rédactrice de mode**

Revenons, pour conclure, sur un autre aspect du débat portable-pas portable : les choix que fait la presse. Les magazines de mode ont précisément pour fonction de montrer à leurs lectrices comment rendre portable la mode des podiums. Le métier qui consiste à choisir des vêtements dans les collections et à les mettre en scène pour les photos

*Pourquoi, sur les podiums, tout a l'air im-por-table ?*

de mode a pour nom « rédactrice » – il est en général exercé par des femmes. On ne fait pas plus faux ami que ce terme puisque de rédaction, il n'est jamais question. Il s'agit plutôt ici de stylisme.

Les rédactrices forment une « horde » très regardée presque auscultée puisque ce sont elles qui donnent le « la » de la mode, qui la font. Ce qui ne veut pas forcément dire qu'elles sont mieux habillées que le commun des mortels. Il en est même de fort banales, juste en jeans et baskets, mais avec *le bon* jean et *les bonnes* baskets. Les toutes-puissantes Américaines sont, en général, propres comme des sous neufs et belles comme des déesses, les ongles parfaits, le brushing sans faux pli, la jupe à la bonne longueur et le talon à la juste hauteur (entre 8 et 12 cm). Sans être totalement anorexiques, elles semblent tout de même ne jamais sécher la gym et ne manger que très exceptionnellement des macarons ou des frites. Comme elles ont la taille exacte des mannequins qu'elles photographient, elles portent bien souvent les mêmes vêtements que ceux des séries de mode qu'elles publient – les bons trucs Prada, Gucci, YSL ou Vuitton de la saison, qu'il ne leur viendrait jamais à l'idée évidemment de porter plus de trois fois... en tout cas jamais au-delà des six mois réglementaires. Leur particularité : elles se refusent à porter collants ou chaussettes. Une incongruité ! Même en plein hiver, elles ne vont que jambes nues. Surtout si elles portent au-dessus de la fourrure, ce qui constitue le comble du chic. Les Européennes sont plus... aléatoires. Parfois exquises de raffinement avec leurs boucles d'oreilles anciennes, souvent amusantes avec leurs petits paniers chinés ici ou là, par-

*La mode racontée à ceux qui la portent*

fois carrément sexys avec leur allure androgyne : elles sont moins prévisibles. Mais sur tous les continents, tout dépend de la revue à laquelle elles appartiennent. Quand on croise, dans les allées des défilés, une jeune fille à peine coiffée, portant des vêtements qui ont l'air droit sortis d'un grenier et juchée sur des boots en plein été ou arborant sandales et socquettes en plein hiver, il y a fort à parier qu'elle appartient à un titre ultra pointu. Seul un œil expert saura reconnaître en elle la fille lancée et apprécier à sa juste valeur la « pertinence » de son allure.

Toujours est-il que les rédactrices sont au moins autant adulées qu'elles sont critiquées. Car leur comportement s'apparente parfois à celui des divas. Elles aiment ou elles détestent. Elles exigent plus qu'elles ne demandent. Quand elles choisissent un modèle d'une maison, il est de tradition que le service de presse les remercie d'un cadeau ou d'un bouquet de fleurs. Et d'aucuns assurent que cela a provoqué chez certaines des comportements d'enfant gâté. On se raconte les caprices de celle-ci, les demandes exorbitantes de celle-là. Mais on admire souvent le travail des unes et des autres, qui ont toutes en commun une authentique passion du chiffon et des frivolités. Et on trouve parmi elles de talentueux gourous qui imposent leur vision de la mode. Si comme Carine Roitfeld, directrice du magazine *Vogue*, elles trouvent judicieux de porter de la fourrure à la plage sur leur maillot de bain, elles le montrent. L'image est belle, le résultat pas évident à mettre en pratique. Mais qu'importe ! Il est vrai qu'aujourd'hui, alors que les propositions de mode sont si nombreuses, du plus cher au plus *cheap*, le niveau des consommatrices, des

*Pourquoi, sur les podiums, tout a l'air im-por-table ?*

folles de fringues a monté. Et qu'il n'est plus tout à fait utile de leur montrer comment porter un tailleur ou un pantalon. Elles ont depuis longtemps dépassé le premier degré et appris, dans leur grande majorité, à décaler leur tailleur et leur pantalon avec des chaussures un peu originales ou des top gentiment alambiqués. Comme les défilés, les images de mode sont surtout là pour exciter les papilles des clientes. Leur donner envie d'acheter le vêtement plutôt que leur montrer comment le porter ! Ce qui fait que l'on retrouve souvent dans les magazines des tenues en total look qui restituent intégralement l'esprit du défilé, accessoires compris. C'est surtout vrai dans la presse américaine qui est très pédagogique voire didactique. Si Tom Ford a montré une jupe comme ça, pensent les rédactrices américaines, il nous faut la montrer de la même façon à nos lectrices.

D'autant que Tom Ford et ses collègues laissent assez peu le choix aux rédactrices. S'il a décidé que la vedette de la saison chez Gucci est un kimono de soie, il entend que les rédactrices le montrent, et l'ordre est donc donné de prêter en priorité le fameux kimono. Si d'aventure vous voulez autre chose, on vous répondra d'une voix désolée que « les autres modèles sont partis dans d'autres journaux et qu'il ne reste plus que le kimono ». On exagère à peine... Bien souvent, ce qu'ils prêtent à la presse, c'est la collection qui a défilé sur le podium. C'est-à-dire la plus spectaculaire et la plus proche de ce que l'on verra dans la campagne de publicité. Il y a donc dans le lot des modèles qui ne seront jamais produits. Une chose que la presse américaine, toujours pédago, traque avec vigilance. Cependant en Europe

*La mode racontée à ceux qui la portent*

comme aux États-Unis, il n'est pas question de demander une pièce commerciale aperçue dans la boutique pour la photographier... Ce sera « non, non et non ». Autant dire que la collection avec laquelle travaille la presse est une photocopie fidèle du message que le directeur entend faire passer. D'où l'impression tenace, et assez réelle, que l'on voit tout le temps les mêmes modèles dans tous les magazines. Et que les publicités et les photos de mode ont tendance à beaucoup se ressembler. Sans être forcément plus portables que les défilés...

# 4

## Mais que fait donc cette pub Chanel dans mon Abribus ?

### Ou
### La toute-puissance de la publicité

Minois de faon et sourire éclatant, nez retroussé et coiffure rétro, taches de rousseur et débardeur rose friandise, Audrey Marnay est le charme même. Elle brandit d'un air primesautier un petit sac matelassé orné de deux C entrecroisés. Pour celles et ceux qui manquent de culture de mode et n'ont pas reconnu la marque de l'élégant réticule, le mot Chanel claque, incontournable, en blanc sur fond noir. Audrey Marnay est mannequin, elle a à peine vingt-deux ans, vient de Chartres et peut s'enorgueillir d'être la seule Française à faire partie du cercle très fermé des top models. Et elle tient même sa place à la rubrique people, puisqu'elle est la maman des deux garçons d'Alexandre de Bétak, le producteur de défilés de mode. En ce début de printemps parisien banalement pluvieux, c'est donc à l'adorable Audrey que la maison Chanel a confié la mission d'être l'image de sa campagne de publi-

*La mode racontée à ceux qui la portent*

cité. Tous ces renseignements biographiques ne figurent évidemment pas sur l'affiche, pas plus que le prix du petit sac matelassé ou l'adresse du « revendeur ». Il y a fort à parier que les passants qui croisent le regard étincelant de la ravissante M<sup>lle</sup> Marnay n'ont qu'une très vague idée de qui elle est. Nous sommes à l'arrêt du bus 47 sur une banale avenue du XIII<sup>e</sup> arrondissement de Paris où se mêlent, dans la pénombre d'une fin d'après-midi, un groupe de lycéennes, en jeans maxi et blousons mini, deux mémés bien coiffées et une mère de famille fatiguée, flanquée d'une poussette double.

**Le luxe dans la rue**

Le choc des cultures ? Pas vraiment, c'est juste un exemple de cette cohabitation nouvelle entre le luxe et la rue. Les lycéennes, les mémés et la mère de famille connaissent forcément le nom de Chanel dont elles ont sans doute déjà vu, ou même possédé, un rouge à lèvres ou un flacon de parfum. Mais elles n'ont sûrement jamais poussé la porte du 29, rue Cambon, le siège de la vénérable maison. Pas plus, probablement, qu'elles n'ont eu les moyens ou même l'envie de s'offrir un de ces fameux sacs matelassés Chanel qui sont entrés dans l'histoire de la mode. Et alors ? Qu'elles connaissent ou non l'adresse d'une boutique n'est pas bien grave, le plus important c'est qu'elles voient le nom, Chanel. Si une griffe aussi chic s'aventure dans un endroit aussi trivial qu'un Abribus, c'est parce qu'elle le veut bien. Elle attend surtout qu'un maximum de personnes, automobilistes, piétons ou usagers du bus 47, se retrouvent nez à

*Mais que fait donc cette pub Chanel dans mon Abribus ?*

nez avec son visuel publicitaire. Car il en restera toujours quelque chose. Et si la publicité est là, sous les yeux de ces lycéennes, c'est sans doute qu'elle a en magasin quelques produits amusants et peu dispendieux destinés à les séduire. Les pontes de chez Chanel ont en effet, comme tout le monde, constaté que nombre de lycéennes vont, par les rues, leur Saddle Bag de Dior sur l'épaule ou leur petite pochette en toile Monogram de Louis Vuitton à la main. Les lolitas portent aussi des barrettes Dior ou des fichus parsemés du sigle CD. Ces modèles-là n'excèdent pas 350 euros et constituent donc des cadeaux d'anniversaire ou de Noël idéaux. Quand on fait de la publicité, il faut pouvoir satisfaire les désirs que l'on ne va pas manquer de susciter.

Et toutes les grandes marques ont eu recours en masse à la réclame... de masse. Il suffit de se promener dans la rue pour voir la publicité d'un parfum Christian Dior sur un panneau d'affichage ou l'image d'une fille avec le sac Citrouille de Givenchy au dos d'un kiosque à journaux. Dans le même mouvement, la publicité de luxe, que l'on avait jusque-là plus l'habitude de voir dans les magazines sur papier glacé, s'est invitée dans les journaux « sérieux ». Ceux qui dissèquent les affaires politiques et les soubresauts des relations internationales plutôt que les questions liées au froufrou. Et c'est ainsi que l'on a vu, de plus en plus, des pleines pages de pub pour des sacs à main ou des escarpins dans *Le Monde, Le Figaro, Le Nouvel Observateur* ou *L'Express*. Autant de titres qui sont en général des lectures de messieurs. Qui a dit que cela leur interdisait de

*La mode racontée à ceux qui la portent*

s'intéresser à la mode ? Ils sont plus âgés mais aussi bien plus aisés que nos lycéennes. Ils sont donc en général bien placés pour avoir envie de griffé pour eux ou leurs compagnes. Du coup, lesdits journaux se sont mis à réserver une place importante à la mode. Ils ont créé de luxueux suppléments consacrés au style, dans lesquels se mêlent articles de fond sur les tendances et photos de mode, interviews de créateurs et reportages sur les adresses pointues. Normal, le luxe est devenu un phénomène de société à côté duquel il serait incompréhensible de passer. Mais ces suppléments sont aussi des supports publicitaires idéaux. Ils sont la preuve que les lecteurs de ces journaux s'intéressent à la mode. Et qu'il est tout à fait judicieux pour une maison de souliers d'acheter une page de publicité située juste en face d'un article sur les dernières tendances concernant, par exemple, les chaussures...

**Convertir de nouveaux fidèles**

Entre les lycéennes des arrêts de bus et les austères lecteurs du *Monde*, les marques ont le même objectif : toucher la plus large cible possible. Car pour Gucci, Prada, Christian Dior et les autres, à partir des années 1990, il est devenu urgentissime de séduire de nouveaux fidèles. Ces fameux « consommateurs aspirationnels » pour qui, jusque-là, le comble de l'élégance était de porter une eau de toilette de bonne facture. Désormais, ils vont prendre l'habitude de se chausser chic ou de sortir griffé. Ces convertis vont donc assurer l'incroyable fortune du luxe. Et la publicité devient le levier essentiel de la folle expan-

*Mais que fait donc cette pub Chanel dans mon Abribus ?*

sion des belles marques. Sans campagne de publicité digne de ce nom, elles n'auraient pas converti autant de monde aux délices du logo. De fait, dans ces années-là, les dépenses de communication des entreprises du luxe bondissent. Ainsi, la banque d'affaires Meryll Lynch estime que Louis Vuitton dépense chaque année 208 millions de dollars en publicité, soit 6 % du volume de ses ventes. Aujourd'hui, même si la crise s'est installée, les dépenses consacrées à la publicité ont à peine varié. En s'affichant sur les Abribus et ailleurs, les marques les plus prestigieuses ont fait passer le luxe d'un univers élitiste et opaque à un secteur florissant et quasi « populaire ».

La publicité, comme dans tous les autres secteurs économiques, est donc devenue un enjeu majeur, « la » grande affaire des maisons. Qui semblent n'avoir d'autre but que d'attiser le désir des consommateurs. Dans bien des cas, en réalité, il s'agit plus d'un flirt poussé que d'un innocent jeu de la séduction. Et, comme de juste, c'est Tom Ford qui a tiré parmi les premiers. En orchestrant dans les moindres détails les campagnes Gucci, il a fait de la pub une des attributions majeures d'un directeur artistique. Et il a lancé la mode des visuels « explicites », de la provoc' chic, du porno luxe. Bien sûr, avant Gucci, il y avait eu dans les années 1970 l'audacieuse campagne pour le parfum « Y », où Yves Saint Laurent avait posé nu sous l'objectif de Jean-Louis Sieff. Il y avait eu aussi les provocantes photos de Guy Bourdin pour la marque Charles Jourdan. Mais l'on avait rarement vu des images aussi ouvertement « sexe ». De fait, avec leur bouche entrouverte, leurs poses lascives, leur peau moite et leurs yeux brillants, les créatures Gucci

*La mode racontée à ceux qui la portent*

ne laissent aucun doute sur leurs intentions : elles ne pensent qu'à ça ! Et quand elles ne sont pas penchées sur l'entrejambe avantageux d'un homme dont on ne voit pas le visage, c'est monsieur qui s'agenouille devant la toison rasée de madame. En forme de G, comme Gucci évidemment ! Pour être honnête, Tom n'a pas exploité le filon toutes les saisons, mais dans le concert des griffes, il a imposé une image claire. Chez Gucci, on n'est pas dans l'élégance compassée, on est dans le débridé... de luxe. Puisque bien souvent, les mannequins évoluent dans des appartements meublés de pièces maîtresses du design, esprit Charles et Ray Eames, dont mister Ford, fait, comme nous l'apprennent les reportages qui lui sont consacrés, collection. Une pub Gucci, ça se passe toujours plus ou moins près de chez Tom Ford...

Même si, à l'hiver 2003-2004, Tom a opté pour une image autrement plus calme puisque les mannequins de la campagne portent dans leurs bras des nourrissons replets et, comble du neuf, sourient à pleines dents. Car, selon Ford, le monde a besoin de joie après des années à broyer du noir et l'heure est venue pour une renaissance. Quand il déclare ça, personne n'a envie de le contredire, et il y a fort à parier que l'esprit « chérubin » va être récupéré par d'autres. Mais à la fin des années 1990, en tout cas, la tendance porno chic était lancée et tous les journaux se sont empressés d'y consacrer de grands articles sociétaux illustrés par les images des campagnes en question. On ne pouvait pas faire plus « air du temps ». On se souvient aussi des similicatcheuses d'une campagne Christian Dior se battant dans la boue et le cambouis ou même des publicités

*Mais que fait donc cette pub Chanel dans mon Abribus ?*

Ungaro mettant en scène les jeux quasi érotiques d'une femme et d'un chien. Délicieusement choquant...

Même si aujourd'hui, la pub provoc' est donc passée de mode, la recette a largement porté ses fruits. Troublantes et forcément frappantes, ces publicités se sont en tout cas beaucoup fait remarquer. Et ont, à coup sûr, beaucoup aidé à la renommée de marques comme Gucci ou Christian Dior ! Les observateurs notent pourtant que les pubs choc n'ont pas été les seules à tirer leur épingle du jeu. Une maison comme Prada qui, par nature, est moins dévergondée que ses concurrentes, a tout de même réussi à marquer les esprits avec ses campagnes sophistiquées. Et omniprésentes. À force d'y être soumis, le public a fini par retenir le message... En quelques années, une marque que personne ne connaissait s'est imposée dans la cour des grands. Qui aujourd'hui, s'il est raisonnablement exposé aux médias, ne connaît pas Prada ? De l'avis de tous, le développement de la publicité a eu pour effet de rendre le public plus connaisseur, sinon plus cultivé. Il identifie les marques, les distingue et finit par les désirer. Toujours la même histoire.

Mais l'enjeu n'est pas seulement de se faire connaître. Souvent, la pub sert de lifting à la maison. Avec une belle pub, une marque en sommeil peut se transformer en officine branchée ! Ainsi Rosemarie Bravo, l'élégante Américaine qui préside aux destinées de Burberry's, adore raconter comment la maison est passée du statut de fournisseur de trench-coats classiques à celui de griffe à la mode. Par la grâce d'un simple bikini. Quand elle a repris les rênes de la maison, elle a engagé un directeur artistique, Roberto Menichetti, qui s'est appliqué à dépoussiérer le célèbre

*La mode racontée à ceux qui la portent*

imprimé Nova Czech, dont on double les impers. Il en a fait notamment un bikini. Le photographe Mario Testino, qui « shootait » la campagne de cet été-là, tombe sur le maillot de bain en question et décide d'en « vêtir » Kate Moss qui est l'héroïne de la pub. Bingo ! Non seulement, le deux-pièces va s'arracher mais Burberry's entame illico un processus de démémérisation. La star, dans ce cas, ce fut bien plus le bikini que Kate Moss elle-même. C'est pourquoi, même si les visuels publicitaires ont pour mission d'être frappants, ils doivent surtout être clairs. Dans une campagne, il y a toujours un gros plan où le mannequin brandit un sac, porte des lunettes de soleil ou se penche sur ses chaussures. Histoire que le public ne perde pas de vue l'essentiel : le produit.

**Les codes de la pub**

Dans la vie d'une maison, le moment consacré à la campagne de pub est donc crucial ! Le directeur artistique y pense quasiment dès la conception de la collection. Il sélectionne les modèles qui seront mis en avant, pense à une atmosphère, une mise en scène, un mannequin, un photographe... Le jour des photos, il sera – évidemment – omniprésent sur le plateau. Prêt à surveiller le bien le plus précieux d'une marque de mode aujourd'hui : son image ! De fait, désormais, lorsqu'on parle des codes d'une maison, on liste des choses aussi anecdotiques autrefois que le style des campagnes de pub ou même la façon de défiler. Par le passé, les codes étaient liés au style : les camélias et les perles chez Chanel, la toile Monogram chez Louis Vuitton, les

100

*Mais que fait donc cette pub Chanel dans mon Abribus ?*

mocassins à mors et la poignée bambou chez Gucci, le sac Kelly et le piqué sellier chez Hermès. Aujourd'hui, le caractère sexy des campagnes Gucci ou le fait que le photographe Nick Knight réalise toutes les photos de pub de la maison Dior, des parfums à la mode, sont des codes. De même, les défilés Gucci et Dior ont toujours lieu au même endroit, avec le même décor et le même podium. Ce long podium de verre fumé dont on murmure qu'il coûte si cher que c'est toujours le même que l'on démonte et que l'on remonte pour en amortir le coût. La campagne de la saison est toujours affichée dans les coulisses des défilés Dior. Et John pose devant ces images quand il reçoit, après le show, les people qui viennent lui présenter leurs hommages. Devant une nuée de photographes, évidemment.

Résultat des courses : les gens qui font un tout petit peu attention reconnaissent une pub Gucci ou Dior presque au premier coup d'œil, même si le nom de la marque est caché. Si ces deux maisons sont des exemples particulièrement remarquables de fidélité et de cohérence, elles sont loin d'être les seules. En général, quand on s'engage avec un photographe, on essaie de faire durer la romance plus d'une saison. Ainsi, Steven Meisel, photographe star parmi les stars, « shoote » depuis des années les pubs Versace et Dolce Gabbana. Et le malletier Louis Vuitton aligne quatre campagnes consécutives avec le duo Mert Alas et Marcus Piggot. L'essentiel, c'est de se faire remarquer parmi les dizaines de campagnes publicitaires qui sortent chaque saison.

Pour les poids légers du secteur, cela vire à l'obsession. Car ils disposent de moins gros moyens. Ils ne peuvent pas

*La mode racontée à ceux qui la portent*

s'offrir autant de pages de publicité. Une fois que l'on a réussi à avoir un bon mannequin et un bon photographe, le budget est sérieusement entamé. Alors on doit réaliser en un jour ce que les grands peuvent mettre une semaine à faire et on ne doit pas se « louper ». Pas question de compter sur l'effet de répétition.

## Le conte de fées de Natalia

Une fois les derniers spots des défilés éteints, alors que les équipes commerciales commencent à vendre la collection aux acheteurs, les maisons entrent donc dans une période d'effervescence. C'est le moment où tout le monde va « shooter » ses campagnes de pub. On se rue... sur un photographe, un mannequin, un coiffeur, un maquilleur, un studio ! La compétition est féroce. Et les campagnes de pub sont aujourd'hui de véritables accélérateurs de carrière.

L'exemple récent le plus spectaculaire est celui de Natalia Vodianova. La légende veut que cette jeune Russe à la moue boudeuse ait été repérée alors qu'elle n'avait que quinze ans sur un marché de la ville industrielle de Nizhuiz Nougorod où elle déchargeait des cageots de fruits et légumes. Sa maman, qui élevait toute seule trois filles de trois papas différents, était maraîchère. Natalia a à peine seize ans quand elle arrive à Paris. Elle fait ses premières couvertures de *Elle* avec ses bonnes joues de gamine. Mais comme c'est la coutume désormais, son agent l'envoie rapidement à New York, l'endroit où tout se passe. Si on a l'heur de séduire un des puissants titres de la presse de mode américaine, on est bien partie. Dans la Grosse

*Mais que fait donc cette pub Chanel dans mon Abribus ?*

Pomme, Natalia travaille un peu mais elle est surtout amoureuse. De Justin Portman, fils de l'aristocratie anglaise et figure de l'art contemporain. Elle a dix-neuf ans et attend bientôt un bébé, Lucas. Le conte de fées est en route... Son petit garçon est à peine né que Tom Ford, séduit, lui fait ouvrir et fermer le défilé YSL (un privilège !), la « booke » en exclusivité pour la campagne de prêt-à-porter Gucci de l'hiver 2002 ainsi que pour celle du parfum. Elle ne peut donc faire aucune autre campagne cette saison-là. Dans le milieu, ce genre d'information suffit à faire de vous *la* fille du moment, celle que tout le monde s'arrache. Natalia est rare, elle va devenir très recherchée. De fait, sa maternité l'a transformée. La jolie poupée russe aux rondeurs mutines est devenue une femme. La moue est toujours là mais infiniment plus sensuelle, troublante. Natalia Vodianova est un phénomène, elle apparaît dans un nombre record de défilés, multiplie les séances de photos dans les plus prestigieux magazines, collectionne les couvertures, se voit consacrer des dizaines d'articles. Sa robe de mariée, un fourreau gris perle, a été réalisée spécialement par Tom Ford. La cérémonie a eu lieu à la cathédrale de Saint-Pétersbourg. La saison suivante, elle apparaît en exclusivité dans les visuels Calvin Klein. Puis, c'est L'Oréal qui la « signe ». Dans son pays, elle est devenue une star, un symbole, dont la firme cosmétique entend bien se servir pour proposer aux jeunes femmes de l'Est qui découvrent la mode et la beauté à l'occidentale toute sa gamme de produits. Il a donc fallu trois ans à peine à Natalia pour devenir une légende. Et une femme riche.

*La mode racontée à ceux qui la portent*

## À la recherche de la nouvelle star

Évidemment, tous les six mois, le milieu est « à la recherche de la nouvelle star ». Car comme les sacs ou les chaussures, les mannequins se démodent très vite. S'il y a cinq ou six belles qui « durent », chaque saison apporte son lot de têtes nouvelles. Qui apparaissent, et disparaissent, selon les envies du moment. Il y a eu la mode des top models, la génération de Claudia Schiffer et Cindy Crawford ; puis sont venues les brindilles menées par Kate Moss ; les filles aux physiques étranges ; les Brésiliennes, véritables bombes sexuelles comme Gisèle Bundchen un temps fiancée à Leonardo Di Caprio, et les belles de l'Est derrière Natalia. Mais, alors que la mode n'en finit plus de redécouvrir les années 1980, les models mythiques de cette décennie, Stephanie Seymour, Helena Christensen, Linda Evangelista, reviennent régulièrement refaire leur tour de piste sur les podiums et dans les campagnes de publicité. Quand une rumeur positive entoure un mannequin, le milieu s'affole. Les tractations vont alors bon train en coulisses et il n'est pas rare que les agents fassent grimper les tarifs qu'ils exigent pour leur petite merveille, juste parce qu'elle vient d'être retenue par tel ou tel grand. Autre possibilité : accepter que la « nouvelle star » en question soit engagée, à condition que deux ou trois de ses collègues de la même agence ayant moins de « potentiel » le soient aussi ; cela donnera lieu à d'intéressantes ristournes. Au moment où se décident les plannings des défilés et des publicités, la prime va donc à ceux qui ont les plus gros moyens. Ils peuvent signer des exclusivités ou faire monter

*Mais que fait donc cette pub Chanel dans mon Abribus ?*

les enchères et exiger que les filles arrivent trois heures en avance à leur show, ce qui les empêche de participer aux autres.

Pourtant, quand il s'agit de gérer une carrière, l'argent ne fait pas tout. Il est parfois extrêmement judicieux d'apparaître dans le défilé d'un créateur dont on parle ou dans les pages d'un journal pointu, acheté par une poignée de personnes qui travaillent toutes dans le milieu de la mode. Ni le créateur branché, ni le journal pointu n'ont réellement les moyens de s'aligner en termes d'émoluments. Mais tous les gens qui prennent les décisions dans ce milieu ont les yeux braqués sur eux. Ils repèrent donc la nouvelle fille ou le photographe qui monte. Cela fait grimper leur cote. Et il y a de fortes chances pour que l'aventure se termine en contrats publicitaires juteux.

Aujourd'hui, les campagnes publicitaires sont considérées comme des événements. Les maisons les médiatisent comme des produits et sortent des communiqués pour en informer la presse. Certaines maisons offrent même des exclusivités aux journaux pour qu'ils les publient avec les égards dus à des scoops. Le coup le plus retentissant de ces derniers mois est sans conteste le « mariage » de Jennifer Lopez et Louis Vuitton sur lequel nous reviendrons. La maison Vuitton a, dit-on, privilégié les journaux dont les lecteurs sont les moins réceptifs à cette union. Car J. Lo a une image un poil vulgaire qui peut désarçonner certains. Bref, avant même que la campagne s'installe dans les pages habituellement dévolues à la publicité, on en connaissait déjà les moindres détails. Sauf évidemment, l'essentiel, le

105

*La mode racontée à ceux qui la portent*

cachet de « la » Lopez. Louis Vuitton a en tout cas bénéficié d'un battage médiatique sans débourser un centime.

## Les conseils des rédactrices

Mais dans les campagnes de pub, il n'y a pas que les mannequins, les photographes et les directeurs artistiques. Il y a aussi un personnage dont le grand public ne soupçonne pas l'existence : la rédactrice-conseil. C'est une rédactrice de mode qui se met au service d'une maison. Au moment des collections, elle aide le directeur artistique à « éditer » sa présentation. Quand il lui montre ses croquis ou les prototypes des modèles, elle l'oriente sur telle ou telle tendance, pointe les manques, l'incite à mettre en avant certaines idées. Pour le défilé, c'est elle qui décide de la « cabine », c'est-à-dire du choix des mannequins, mais aussi de l'équipe de coiffeurs et de maquilleurs, et de la façon de montrer les vêtements. À plat ou sur des talons, suraccessoirisé ou pas, très coiffé ou non... Au moment du « shooting » de la campagne de pub, elle met en scène les photos. Bref, elle fait ni plus ni moins que son job de styliste, et mâche en quelque sorte le boulot à ses collègues à qui elle présente une allure toute faite, immédiatement décodable, qui sera reprise dans la publicité et parfois, on l'a vu, dans les photos des magazines de mode. Pour le directeur artistique, qui a rarement le temps d'aller humer ailleurs ce qui se passe, les conseils de la rédactrice sont précieux. Comme elle continue à travailler pour son journal, elle fait le tour des maisons et sait ce qui se fait ou pas, ce qui se fait trop ou pas assez. L'idée, c'est de per-

*Mais que fait donc cette pub Chanel dans mon Abribus ?*

mettre à la maison de rester dans l'air du temps, voire de prendre de l'avance. Il existe des rédactrices gourous qui ont le pouvoir de bouleverser une collection quinze jours avant un défilé, juste parce qu'elles ont « envie de jaune » ! Qu'une phrase comme celle-là tombe de leur bouche et c'est toute la production qui est relancée pour qu'il y ait du jaune.

Ce « métier » a pris son essor dans les années 1990 ; c'est un moyen de soigner l'image au millimètre. Le revers problématique de la médaille, c'est que cela entraîne des collusions pas très déontologiques entre les maisons qui emploient les rédactrices et les journaux auxquels elles appartiennent. Force est de constater que, bien souvent, une rédactrice a à cœur de placer dans ses séries de mode les modèles des marques qu'elle conseille. Et qui la paient bien mieux que son magazine... Certaines marques, dit-on, font ouvertement ce cynique calcul et s'attachent les services des rédactrices des journaux dans lesquels elles aimeraient voir leurs « produits ». Mais cela marche dans les deux sens, car une rédactrice-conseil prestigieuse a aussi le pouvoir d'attirer dans la maison le bon maquilleur, le bon coiffeur, le bon mannequin et le bon photographe. Soit parce qu'elle les connaît et qu'elle travaille déjà avec eux, soit parce qu'elle a envie de les tester et qu'eux désirent apparaître dans son journal. Il ne faut pas s'étonner dès lors, lorsqu'on feuillette un magazine, d'avoir l'impression que les photos de mode et les campagnes de pub se ressemblent : ce sont souvent les mêmes équipes qui font les deux ! Aujourd'hui, pour une rédactrice de mode, faire une pub ou être conseil est une véritable carte de visite. Dans

*La mode racontée à ceux qui la portent*

les autres métiers, on appelle cela « faire des ménages » et il ne viendrait à l'idée de personne de s'en vanter. Ici, c'est au contraire tout à fait recommandé. D'ailleurs, certaines rédactrices se sont fait une réputation en travaillant avec les grands. C'est le cas de la Française Marie-Amélie Sauvé, qui collabore avec Nicolas Ghesquière chez Balenciaga, ou de l'Américaine Melanie Ward, qui « travaille » avec Helmut Lang.

Mais, une fois encore, c'est avec Tom Ford que cela a pris les proportions les plus spectaculaires. Dès qu'il s'est emparé des rênes de la maison Gucci, Ford a appelé à ses côtés Carine Roitfeld, rédactrice de mode française. Cette interminable créature brune aux yeux verts, qui a l'allure androgyne, de longues jambes, les cheveux dans les yeux et ne sort jamais sans une paire de talons vertigineux, a le physique de l'emploi : icône de mode...

Certaines disent que s'il fallait trouver une incarnation à la mode, Carine pourrait sans problème postuler. Après une courte carrière de mannequin, elle a débuté à *Elle* où, jeune rédactrice, elle arborait déjà les atours qui allaient faire d'elle une vedette. Pas un sac Birkin d'Hermès, pas un court blouson de fourrure ne manquaient à sa panoplie... Mariée à Christian « Sisley » Restoin, l'homme qui a fait fortune dans les années 1980 avec les chemises Equipment, elle est la fille d'un producteur de cinéma et affiche fièrement ses origines russes, l'une de ses signatures. Installée dans un appartement très design, très tomfordien, dans les beaux quartiers de Paris, elle a deux enfants : Julia, qui envisage une carrière d'actrice et Vladimir, 17 ans à peine, qui est devenu un des mannequins vedettes du

*Mais que fait donc cette pub Chanel dans mon Abribus ?*

moment. Il est de tous les défilés hommes qui comptent. Mais la vraie star du milieu c'est incontestablement la maman. Quand elle arrive à un défilé, effleurant du doigt son mini-portable – c'est elle qui a lancé la tendance « pas de sac à main pendant les collections » ! – les photographes se ruent avec la même précipitation que devant Catherine Deneuve ou Madonna. Et elle prend une pose nonchalante, les genoux légèrement en dedans, le regard vraiment en dessous qui fait se damner les gens de la mode. L'édition américaine de *Vogue* l'a classée, elle la Française, parmi sa liste des personnalités les mieux habillées de 2002. Ce qui vaut toutes les consécrations. Pourtant, si elle est l'impératrice des rédactrices de mode, elle est à mille lieues du cliché de l'insupportable snob qui a cours dans cette caste. Elle est polie, répond à toutes les invitations et, fait rarissime, dit – encore – bonjour. Mais, à son niveau, a-t-on encore besoin de faire des caprices ? La classe c'est aussi d'avoir de bonnes manières...

Quand Tom lui fait signe, elle n'est pas encore dans les hauteurs mais elle a déjà une carrière bien remplie et travaille essentiellement avec le photographe péruvien Mario Testino. On les appelle déjà Carine et Mario, car il serait ringard de préciser leur nom de famille. En revanche quand Tom débarque, sans s'être annoncé, dans le studio parisien où travaillent Carine et Mario, il est quasiment inconnu. Il a juste à son actif la fameuse collection aux costumes de velours rouges. Mais Carine et Mario se laissent séduire par le charme plein de confiance du jeune Texan. C'est parti pour une série de défilés et de pubs au chic choc ! Pour les journaux, Carine devient la muse de

109

*La mode racontée à ceux qui la portent*

Tom. Avec une pointe d'agacement, la maison Gucci précise qu'elle n'a aucun rôle officiel. Sous-entendu : Tom n'a pas besoin de ça, son talent lui suffit. Totalement sous le charme, Carine s'applique à minimiser son propre rôle, à sa manière : « Tom n'est pas une fille et peut-être que je représente pour lui une sorte d'idéal féminin. Alors, au moment de l'élaboration de la collection ou quand il travaille sur les défilés, il me demande si je porterais tel ou tel vêtement et comment. C'est tout ! » Pour le tandem Mario-Carine, l'heure de gloire a sonné. Dans la foulée de Gucci, toutes les maisons, de Missoni à Burberry's en passant par Sonia Rykiel ou Paul Smith, s'attachent leurs services. Elles ont elles aussi envie de « faire un Gucci ». Mais au bout de quelques saisons de lune de miel, Tom se brouille avec Mario et confie ses campagnes à d'autres photographes. La rumeur voudrait croire à la disgrâce de Carine. Mais, on assure qu'on l'a vue en coulisses jusqu'à sa nomination en 2000 à la direction du *Vogue* français. Ce jour-là, elle aurait abandonné toutes ses fonctions de consultante chez Gucci et ailleurs. Question de déontologie... Entre-temps, Mario Testino s'est réconcilié avec Tom Ford. Ces querelles ont nourri des dizaines de conversations « fashion ».

**De la pub sur tous les fronts**

Les grandes maisons ne sont pas les seules à avoir misé sur la publicité. Au moment même où Gucci et consorts se lançaient dans la bataille, les marques de grande distribution comme Morgan, Kookaï, l'Américain Gap et le

*Mais que fait donc cette pub Chanel dans mon Abribus ?*

Suédois H&M commençaient elles aussi à entrer dans la danse. Et elles n'ont pas pratiqué l'art de la réclame au rabais puisqu'elles ont toutes, chacune dans son genre, imposé une image publicitaire forte. On se souvient de Kookai et ses kookaiettes, ou encore des stars qui se disaient « Je suis Morgan de toi ». On se souvient aussi des mannequins vedettes posant en jean et tee-shirt blancs dans les impeccables pubs Gap. Mais ceux qui ont frappé le plus fort sont incontestablement les Suédois d'H&M. Ils se sont même payé le luxe de s'offrir les plus beaux tops (Naomi Campbell, Claudia Schiffer, Cindy Crawford...), les plus grands photographes (Mario Testino, Richard Avedon, Ellen Von Unwerth...), les plus stars des stars (Johnny Depp, Salma Hayek, Geena Davis, Gary Oldman...). Ceux-là mêmes qui apparaissent dans les campagnes des plus grands ou dans les magazines les plus chics. Comme cela se fait chez les grands, le service de communication d'H&M s'y entend pour organiser le tam-tam autour de ses campagnes de publicité. Elles ont assurément contribué à faire parler de la marque et à assurer son succès. Les méthodes sont les mêmes, mais certains observateurs remarquent aussi que l'imagerie des grands et celle des autres tendent à se ressembler. D'ailleurs, la marque Kookai, en pleine opération de toilettage de son image, a fait appel au photographe vedette Peter Lindbergh pour « shooter » dans sa campagne de l'hiver 2003 les plus beaux top models. Et a pris soin de légender les photos d'un explicite « Naomi Campbell par Peter Lindbergh », une façon de souligner l'élégance de l'affiche. Il est vrai que chez Kookai, on n'a pas de directeur artistique à mettre en avant...

*La mode racontée à ceux qui la portent*

Des grandes maisons aux marques de fringues bas de gamme, la publicité est devenue ces dernières années une véritable manne pour les journaux. Aussi bien pour ceux dont la spécialité est la mode, qui facturent entre 10 000 et 30 000 euros en moyenne les pages de pub « quadri » – en couleur – que pour ceux dont l'actualité est le fonds de commerce et qui appliquent à peu près les mêmes tarifs. Plus il y a de pages de pub, mieux le journal se porte et surtout plus sa pagination augmente. C'est même pratiquement arithmétique : on rajoute une page produite par le journal chaque fois qu'une page est achetée par une marque. Car il est important pour un magazine de garder l'équilibre entre le « rédactionnel » et la publicité. L'idée assez répandue que les revues de mode ne sont que des catalogues de pub est donc fausse.

Comme on pouvait s'y attendre, les maisons qui dépensent autant d'argent pour réaliser leurs campagnes de publicité et « annoncer » ensuite dans la presse sont très attentives à la façon dont leurs produits sont « traités » par les journaux. Elles aimeraient évidemment qu'ils soient montrés proportionnellement au nombre de pages de pub qu'elles achètent. C'est ce qui s'appelle la « pression des annonceurs ». Et c'est loin d'être un mythe. Beaucoup de grandes maisons italiennes ont investi, par exemple, dans des logiciels qui scannent le contenu des magazines, texte et photos, et rendent leur verdict : « Dior cité huit fois », « Prada cité sept fois », « Gucci cité neuf fois ». Ou l'inverse. Peu importe... Il arrive aux annonceurs de se fâcher tout rouge quand ils trouvent qu'ils ne sont pas suffisamment présents. Ils attendent un retour sur investissement. Ils

*Mais que fait donc cette pub Chanel dans mon Abribus ?*

menacent de se retirer et le font parfois. Mais les magazines ont intégré cette contrainte et s'assurent que les annonceurs aient bien leur place dans le journal. Évidemment, ils ont besoin de l'argent de la pub pour vivre, produire des photos, financer des reportages, payer leurs collaborateurs. Bref, éditer des journaux de qualité.

Mais il semble surtout que l'on vive dans une sorte d'équilibre de la terreur... Comme du temps de la guerre froide, quand les deux grands se neutralisaient car ils étaient l'un et l'autre dotés de l'arme nucléaire. Les annonceurs mettent finalement assez rarement leurs menaces à exécution ou, s'ils le font, reviennent en général au bout d'une ou deux saisons. Car il est difficile pour eux de se priver du public d'un magazine. Soit parce que les lecteurs sont très nombreux, soit parce qu'ils sont ciblés et qu'ils consomment beaucoup de mode. Les journaux savent bien, s'ils ont la cote, qu'une marque ne peut pas se passer d'eux très longtemps. Les annonceurs et les journaux ont besoin les uns des autres.

Pourtant, les vieux briscards l'assurent, le poids qu'a pris la publicité a tout de même changé les choses. « On sent bien, aujourd'hui, que l'on a au-dessus de nous des patrons qui nous demandent des comptes et ont des exigences par rapport aux journaux dans lesquels ils annoncent. Cela fausse un peu nos rapports avec les gens qui y travaillent », constate une attachée de presse qui travaille depuis plus de vingt ans dans le milieu. Et Karl Lagerfeld, peu suspect de langue de bois, constate que le jugement que l'on porte aujourd'hui sur la mode est quelque peu biaisé : « On peut être tenté de penser que son combat

*La mode racontée à ceux qui la portent*

[celui de Suzie Menkes] est perdu d'avance. Elle a le courage de ne pas perdre la foi alors que six mois après les collections, elle est démentie par les pages des magazines. La saison commence, les campagnes de publicité sortent et les séries de mode mettent en valeur les vêtements des annonceurs. Suzie a beau expliquer avec tout son talent que la collection était ratée, on la verra partout. » (*Elle*, octobre 2001.)

Mais la situation n'est pas aussi étouffante que Karl veut bien le dire. Même si les grandes maisons sont évidemment toujours parmi les « incontournables » d'une saison dans le choix des rédactrices, il y a encore de nombreuses marques et des créateurs qui rencontrent le succès sans investir un seul centime dans la publicité. C'est le cas, pour ne citer qu'eux, de Marni, Dries Van Noten ou, dans un registre moins luxueux, d'Isabel Marant ou de Vanessa Bruno. La presse n'a jamais mégoté son soutien, elle a toujours montré leurs vêtements. Sans autre pression que celle du cœur. Car elle les aime. Tout simplement.

# 5

# Pourrai-je un jour déguster des biscuits Christian Dior ?
## Ou
## La diversification tous azimuts

Le bâtiment, blanc et net, est plus qu'une boutique. C'est un petit grand magasin. Au rez-de-chaussée, devant les vitres à travers lesquelles on aperçoit le tramway, se tient le stand des chocolats. Les carrés noirs, blancs ou au lait sont disposés dans des boîtes écrins, rouges ou noires laquées, parfaitement graphiques. À côté, des orchidées arachnéennes s'étalent au rayon fleurs. La porte mitoyenne s'ouvre sur des portants de vêtements. Nous sommes via Manzoni à Milan, dans le navire amiral de la maison Armani, le magasin phare de Giorgio, le temple dans lequel il donne à voir l'intégralité de ses collections. Jusqu'à sa ligne de chocolats, Armani Ciocolate, sa toute dernière « création ». Avec sa crinière de cheveux blancs, son teint éternellement bronzé et ses yeux couleur glacier, il pourrait sans mal jouer le rôle de parrain du style. Il est, en tout cas, l'homme qui a ouvert la voie à la mode telle qu'elle

*La mode racontée à ceux qui la portent*

est aujourd'hui. Il est parti à la conquête de l'Amérique près de vingt ans avant Tom et Miuccia, habillant de costumes aux teintes raffinées et à la coupe souple Richard Gere dans *American Gigolo* et les business women de Wall Street. Même les killers des romans cultes de Breat Easton Ellis sont en Armani de la tête aux pieds. Et Giorgio finance d'élégantes rétrospectives de son œuvre au musée Guggenheim de New York où se presse le Tout-Manhattan reconnaissant. La presse le couvre de louanges : « Il a changé notre façon de nous habiller dans les années 1980 comme Yves Saint Laurent l'a fait dans les années 1970 », écrit le magazine *Harper's Bazaar* en 1997. Il est un grand !

À soixante ans passés, cet ancien étalagiste de Rinascente, la chaîne de grands magasins italiens, a bâti un empire qui porte son nom. Il est un des derniers indépendants du secteur, n'appartient à personne et n'a jamais eu aucune velléité de bâtir un groupe ni de racheter d'autres marques. Pourtant, la maison est à un tournant de son histoire. On dit que Giorgio, qui n'a jamais trouvé quelqu'un à qui passer les rênes de son business, chercherait un partenaire pour assurer l'avenir de sa griffe. Longtemps, le nom de LVMH a meublé les conversations. Mais la crise du luxe est venue balayer les rumeurs. On n'achète plus ! Alors Armani, toujours plus bronzé, toujours plus musclé, toujours plus impressionnant, continue de régner. Seul. Comme replié dans son immense quartier général milanais, ce bâtiment de verre et de béton que lui a construit l'architecte Tadao Ando et où il a réuni ses bureaux, son studio de création, ses services commerciaux, son show-room et même la salle où il défile, un auditorium de près

116

*Pourrai-je un jour déguster des biscuits Christian Dior ?*

de six cents places. Même si sa mode, désormais, séduit une clientèle à l'élégance classique, il reste un poids lourd du secteur. Il ne dédaigne pas, à l'occasion, s'entourer de jeunes agneaux chargés de lui apporter un peu de sang neuf. Un temps, il s'est adjoint les services de Mathias Vriens, fondateur de la revue *Dutch*, comme directeur de l'image. En haut de la pyramide Armani brille donc la spectaculaire boutique de la via Manzoni à Milan avec ses vêtements, sa librairie, ses restaurants, son stand de fleurs et ses chocolats. Elle se visite comme un musée. On vient y voir « les » collections.

## La mode des diversifications

Giorgio Armani, comme les autres seigneurs de la mode, pratique l'art de la « diversification ». De fait, en quelques années, les marques de luxe sont devenues globales. Elles proposent un meilleur des mondes griffés où les produits dérivés se multiplient et où l'on peut s'habiller, se chausser, se parfumer, se meubler, soi-même ainsi que ses enfants et ses animaux, sous l'étiquette d'une maison. Ainsi, sous la griffe Armani, Giorgio a lancé, on l'a vu, des dizaines de lignes couvrant des domaines aussi divers que les vêtements, les accessoires, les bijoux, les cosmétiques, la maison et donc les friandises. C'est la dernière et la plus audacieuse des « diversifications » de la mode ; en coulisses, certains observateurs imaginent un futur où la maison Christian Dior lancerait une ligne de macarons et Gucci un champagne. À moins que ce ne soit l'inverse... Il suffirait, disent-ils, de trouver une légitimité à l'aventure, de raconter une

*La mode racontée à ceux qui la portent*

histoire qui justifie cette incursion de la mode dans le domaine de l'alimentation, de vendre les macarons ou le champagne dans des endroits à l'élégance appropriée. Il n'est d'ailleurs pas totalement farfelu d'imaginer quelque chose de ce genre. Les bobos, ces fameux bourgeois bohèmes au gros pouvoir d'achat qui font saliver les gens de marketing, ont, il y a quelques années, succombé au charme de l'huile d'olive APC importée de Tunisie par Jean Touitou, le propriétaire de la marque. La légitimité était à son maximum puisque Touitou est né en Tunisie et qu'il revisite régulièrement dans ses collections les tee-shirts à petits boutons et les djellabas venues de « là-bas ». En outre, les gens de mode vont au moins autant au restaurant que dans les boutiques, des lieux qui ont d'ailleurs tendance à se ressembler. Décoration de boudoir, assiettes lookées, serveuses sculpturales (en anglais, on les appelle des *models wannabe*, littéralement des « j'aurais voulu être un mannequin ») et sacs griffés au pied des fauteuils : déjeuner ou dîner est une des activités favorites des gens du milieu. Ce qui veut bien dire qu'ils se sont mis à manger. Et que l'envie de le faire avec style est là ! En avant pour des biscuits Dior ?

N'allons pas trop vite en besogne... La stratégie des maisons n'a pas encore atteint un tel degré d'audace. Ces dernières années, si le luxe s'est aventuré sur de nouveaux territoires, il est tout de même resté dans des domaines « raisonnables ». Il est allé vers des terrains où il était certain de rencontrer un public avide de babioles griffées mais qui n'a pas forcément les moyens ni les mensurations requises pour s'offrir la mode des podiums. L'idée, c'est de proposer

*Pourrai-je un jour déguster des biscuits Christian Dior ?*

une large gamme de produits à des consommateurs chauffés à blanc par la publicité. Et qui sont, en tout cas, suffisamment sensibilisés à la cause du luxe pour avoir envie de s'offrir, si ce n'est une part du gâteau, du moins quelques miettes. C'est ainsi que l'on a vu apparaître de la lingerie, de la mode enfantine, des collections de lunettes de soleil ou encore des maillots de bain ! Même si, pour des petites culottes, des barboteuses ou des bikinis, ces produits sont particulièrement chers, ils ont la vertu d'apparaître presque accessibles pour des « trucs » qui portent le logo Dior, Chanel, Prada ou Gucci. Dans le même mouvement, on a vu apparaître du griffé que l'on peut raisonnablement qualifier d'inattendu, si ce n'est farfelu. Ainsi Gucci a « commis » des écuelles pour chiens et du papier peint à logo, Louis Vuitton puis Céline ont imaginé un ballon de foot, Prada des jeux de cartes et des damiers de voyage, Chanel des skis et des planches de surf... Bien sûr, tout le monde n'a pas les moyens ni l'envie de s'offrir une planche de surf Chanel mais ce sont des objets tellement amusants et décalés que les journaux en parlent et les montrent. Une occasion supplémentaire de faire résonner le nom de Chanel...

## Le parfum superstar

La vraie « diversification », efficace et classique, concerne des produits que le public peut acquérir facilement. À commencer par le parfum. Lancer un parfum, quand on est couturier, est un acte assez banal car finalement très ancien. Souvenons-nous que le « N° 5 » de Chanel a déjà plus de quatre-vingts ans. Au-delà du plaisir que

*La mode racontée à ceux qui la portent*

peut procurer sa fragrance, le sent-bon griffé a surtout une fonction de pis-aller. On se l'offre, souvent inconsciemment, à défaut de pouvoir se procurer autre chose. Évidemment, les choses ont bien changé depuis que Coco Chanel lançait le « N° 5 ». Mais le parfum reste une manne. D'autant que, de nos jours, pour faire encore plus de bénéfices, les professionnels ont tendance à aller vers des matières premières moins précieuses donc moins coûteuses. Cette perte de qualité est éclipsée par des campagnes de pub rouleaux compresseurs qui précipitent les consommatrices dans les libres-services de la beauté que sont Sephora, Marionnaud et les autres. Cela ne se répercute pas pour autant sur le prix de vente qui reste d'autant plus haut que le parfum en question est associé à une marque prestigieuse. Bref, au-delà de la poésie et de la magie des odeurs, le domaine des senteurs est un business qui s'apparente à une partie de poker. Ça passe ou ça casse.

Si ça passe, on gagne plus que ce que l'on a investi et cela permet à la maison de bien vivre même si la mode ne donne pas de très bons résultats commerciaux. Pourtant, cette règle n'est pas d'or. L'incroyable succès d'« Angel », le parfum aux volutes de barbe à papa, n'a pas empêché le groupe Clarins, propriétaire de la maison, de mettre fin aux activités de Thierry Mugler couture. De fait, Clarins a créé une situation inédite car, de Mugler, elle n'a gardé qu'« Angel », qui continue à caracoler en tête des ventes sans être soutenu par des images de mode. Si ça casse, on retire le jus du marché au bout de quelques mois et on en relance un autre dans la foulée en espérant avoir plus de chance. Il y a chaque année des ratages retentissants qui,

*Pourrai-je un jour déguster des biscuits Christian Dior ?*

pourtant, ne mettent pas les maisons sur la paille. Les risques, finalement, sont assez limités. Les stratèges du groupe Gucci ont ainsi décidé de faire passer Alexander Mac Queen et Stella McCartney, marques dites « émergentes » par la case parfum. Les deux jeunes créateurs ont chacun été dotés de leur « jus »...

La situation du parfum est toutefois paradoxale car il semble que toute une partie du public soit devenue plus connaisseuse donc plus exigeante. Certains noms, parmi les plus prestigieux, ont provoqué de grandes déceptions. Ce qui a amené les fidèles d'autrefois à se tourner vers des marques plus confidentielles qui officient dans des boutiques aux allures d'antres pour initiés. Autant dire à des milliers de kilomètres de Sephora et Marionnaud... Il s'agit, pour ne citer qu'eux, de Serge Lutens installé au Palais-Royal, à Paris, de Frédéric Malle qui édite en toutes petites quantités des parfums **de g**rands nez, de IUNX, véritable *concept store* des odeurs... Avec son franc-parler, Frédéric Malle, qui fut longtemps consultant dans le monde de la parfumerie, dit : « Ma boutique est peuplée de déçus de Guerlain. » Et, malgré l'aspect jackpot de ce commerce, certains hésitent tout de même à se lancer. Prada en tête, qui a préféré, pour se diversifier, mettre au point une ligne de cosmétiques ultra-sophistiquée, avec uniquement des crèmes et des lotions et pas le moindre rouge à lèvres pour assurer le minimum syndical du glamour. Bien sûr, la maison de Miuccia annonce régulièrement le lancement d'un parfum pour « bientôt ». Mais on ne voit toujours rien venir... Sans doute parce que surprendre encore dans ce marché sursaturé est difficile. Et que le risque est grand de

*La mode racontée à ceux qui la portent*

passer inaperçu ou de se planter carrément. Ce qui est très mauvais pour l'image et un poil pour les finances : Prada n'a pas suffisamment d'argent pour se permettre d'en perdre. En outre, nous sommes là dans un domaine qui s'est considérablement dévalorisé car tout le monde, et surtout n'importe qui, s'est mis à lancer son parfum. À partir du moment où il y a eu des eaux de toilette sur les linéaires des supermarchés, les choses ont commencé à se gâter et il a fallu trouver d'autres moyens de fabriquer du rêve...

## Le sac : un Graal

Dès les années 1990, les accessoires de mode, et les sacs en particulier, ont pris la place des parfums dans l'imaginaire collectif. Ils sont devenus la porte d'entrée vers une maison mythique ou une marque à la mode. Et ce d'autant plus que les revenus des consommateurs se sont arrondis : on a pu consacrer un peu plus d'argent à cet inutile si nécessaire. De fait, le rayon « accessoires » est désormais absolument indispensable à l'économie de la mode. Il représente la majeure partie du chiffre d'affaires des maisons : environ 60 % chez Gucci et chez Prada, et quelque chose comme plus de 90 % chez Vuitton. Mais toutes les marques sont en quête d'un « hit » dans le domaine de l'accessoire. Toutes cherchent à développer cette activité. Alors que la mode semble être aux boutiques « globales », offrant un panel représentatif de la diversification maison, Chanel, Dior, Gucci ou même Ungaro ouvrent des boutiques uniquement dévolues aux accessoires. D'ailleurs, quand un groupe rachète une maison, c'est sur le secteur

*Pourrai-je un jour déguster des biscuits Christian Dior ?*

des réticules et des souliers qu'il concentre ses efforts. Ainsi Prada a aidé Jil Sander et Helmut Lang à créer de vraies collections. Tout comme LVMH s'attache, on va le voir, à lancer chez Fendi des sacs qui plaisent et se vendent. Si possible comme des petits pains. Le sac, aujourd'hui, c'est la vedette du luxe. Au temps où la guerre entre Bernard Arnault et François Pinault faisait rage, où LVMH affrontait le Gucci Group, les journalistes économiques appelaient le conflit « la guerre des sacs à main ». Les sacs Vuitton affrontaient les sacs Gucci. Si symbolique et tellement révélateur ! Car même quand leurs prix flirtent avec le très haut, les sacs se vendent en général mieux que les robes ou les pantalons griffés. C'est normal : un sac va à tout le monde et avec tout. Il gomme les différences d'âge et d'allure. Il vous permet d'appartenir à l'univers d'un créateur dont vous ne pouvez pas forcément porter les vêtements. Il confère un statut et donne un certain pouvoir. Même quand on porte un jean, le sac, surtout s'il est « identifiable », est investi d'une mission : il montre que vous avez les moyens. Le public des accessoires est par définition plus vaste que celui des vêtements. C'est dire l'importance de l'enjeu !

Et puis, même s'il est éminemment soumis aux caprices de la mode, un sac a aussi ce je-ne-sais-quoi de durable qui en fait un véritable investissement. À long terme... Qui dit que la sacoche que l'on vient de s'offrir ne rentrera pas un jour **au** panthéon de la mode ? Qu'elle ne deviendra pas un de ces classiques qui marquent une garde-robe chic ? Et symbolise l'élégance de génération en génération. C'est un peu lyrique mais quelque part le but que poursuivent

*La mode racontée à ceux qui la portent*

toutes les grandes maisons quand elles lancent un sac est d'entrer dans la légende. Elles rêvent toutes de créer un modèle qui se déclinerait de saison en saison, qui incarnerait la griffe, qui ne cesserait jamais de se vendre et donc d'assurer des revenus. De fait, le sac matelassé de Chanel et son éternelle chaînette (nom de baptême le 2.55), le Kelly d'Hermès et ses six à douze mois d'attente ou encore le Keepall en toile Monogram de chez Vuitton ne font pas rêver que les bêtes de mode. Ils sont aussi les références de tous les managers du luxe qui, s'ils n'aspirent pas forcément à l'éternité, espèrent bien que leurs « produits » dureront quelques saisons. Le sac mythique, voilà le Graal ! Et si vous n'avez pas sous la main Grace Kelly pour populariser votre sac à main, tâchez de créer vous-même la légende. Le public aime les histoires, il faut lui en raconter.

De ce point de vue, le grand succès, ces dernières années, du sac Lady D de Dior est assez remarquable. Nous sommes à la fin des années 1990, John Galliano ne s'est pas encore installé avenue Montaigne où œuvre l'Italien Gianfranco Ferré. Mais la maison, qui est entrée de plain-pied dans l'ère LVMH, est en train de se structurer et de se muer en entreprise moderne. À l'époque à la tête du département accessoires, Sydney Toledano est chargé de donner à Dior un sac qui l'installera sur le devant de la scène et lui assurera de confortables revenus. Les LVMH boys ont déjà tout compris... Toledano est un homme de chiffres mais il couve l'équipe de création. Il a des idées précises, connaît le marché, sa clientèle et, comme Bernard Arnault, fréquente assidûment les boutiques. D'ailleurs son bureau est juste au-dessus de celle de l'avenue Montaigne. Et voici qu'un beau

*Pourrai-je un jour déguster des biscuits Christian Dior ?*

jour naît le Lady Dior, un vrai sac de dame à porter à la main avec les lettres Dior dorées qui pendent comme des breloques aux anses. Nous sommes en septembre 1995 et Lady Diana est invitée à l'exposition Cézanne au Grand Palais sponsorisée par LVMH. Bernadette Chirac cherche à lui faire un cadeau. Bernard Arnault propose le sac qui sortira à la fin de cette année-là, baptisé « Chouchou ». Diana l'adopte aussitôt, elle est surphotographiée. La maison lui demande l'autorisation de le rebaptiser « Lady Dior » car les clientes des boutiques demandaient « le sac de Lady D. ». Ce sera chose faite en janvier 1996. En quelques semaines, il acquiert une dimension mythique. Il sera le socle sur lequel la maison va s'appuyer pendant quelques années, elle le décline, en fait son classique... son « Kelly », son « 2.55 ». Il donne lieu à mille copies. Dans les premières années de l'ère Galliano, il défile en version minuscule pour le soir, chargé de pierreries. Mais Galliano et la maison Dior auront bientôt d'autres idées, bien plus décoiffantes. Pendant quelques années, on vit sous le règne du Saddle Bag, un sac imité d'une selle de cheval que Dior a décliné en version mini réticule comme en version maxi besace. Puis vient, en 2003, le Hardcore en cuir noir verni, chaînette et boucles, dont l'esthétisme évoque furieusement le harnachement des tenues sadomaso. Aucun doute, il surprend. Et il est soutenu par une campagne publicitaire à laquelle il est difficile d'échapper. Le Hardcore sera en vedette... jusqu'à la création d'un autre modèle. Mais à chaque nouvelle sortie, la même obligation s'impose : la marque Dior doit figurer bien en évidence sur le sac.

125

*La mode racontée à ceux qui la portent*

## Une science exacte ?

Sydney Toledano, en tout cas, connaît la recette du sac qui marche. Il a été chargé par Bernard Arnault d'appliquer la même potion à Fendi, dont le métier de base est la fourrure. Pourtant, en 1996, Silvia Venturini-Fendi, la nièce d'Anna, une des cinq sœurs Fendi, a propulsé la maison créée en 1925 par sa grand-mère Adèle dans la cour des grands de l'accessoire. Elle a créé le modèle « Baguette », un mini-sac richement perlé et brodé, à porter sous le bras comme une... baguette. Elle s'était inspirée d'un modèle ancien trouvé dans les malles d'Adèle. Malgré un prix prohibitif et des délais d'attente extensibles dus à la minutie de son exécution (il est souvent « fait main »), le sac Baguette a connu un succès fou ! La presse américaine lui a consacré des pages entières. Il a été copié et surcopié. Il a littéralement lancé la mode des sacs brodés-perlés. Ce fut à n'en pas douter une « baguette magique » pour Fendi qui, du coup, est revenu sur le devant de la mode. Désormais, Toledano contrôle de près la production des accessoires. Car il faut à n'en pas douter aller encore plus loin... Et on peut raisonnablement s'attendre à voir arriver sur le marché quelques modèles tonitruants, taillés pour le succès et dûment griffés. Le lancement des sacs chez LVMH est quasiment devenu une science exacte. On analyse le marché, on cogite sur son nom de baptême (très important, le nom de baptême, pour l'aspect légende !), on regarde ce que font les concurrents, on cherche à le positionner dans telle ou telle gamme de prix, on fait remonter les observations des clientes qui, dans chaque boutique, sont discrè-

*Pourrai-je un jour déguster des biscuits Christian Dior ?*

tement sondées. Même si on n'en est pas encore à tester les modèles sur un échantillon représentatif de consommateurs comme cela se fait dans la grande distribution avec les yaourts ou les produits d'entretien...

Si l'ensemble des grandes maisons n'a pas atteint le degré de sophistication de Dior et de ses consœurs du groupe de M. Arnault en la matière, toutes accordent une attention particulière au lancement de leurs accessoires. On prend soin de glisser le sac du moment sous le bras d'un mannequin lors d'un défilé, on diffuse des photos, on l'offre à quelques rédactrices de mode importantes qui finiront bien par avoir envie de le photographier dans leurs journaux, on l'offre aussi avec un petit mot et un gros bouquet de fleurs à quelques vedettes qui ne manqueront pas de le porter. Surtout si le sac en question est assorti d'une invitation à une ouverture de boutique ou à un défilé où il y aura par définition moult photographes... Qu'une star adopte votre sac et la légende est en marche.

Ou quasiment car, en réalité, le commerce des accessoires a deux facettes. On prétend au classique d'une part, on veut du neuf de l'autre pour faire tourner la machine. Chaque saison amène son lot de nouveaux modèles. Certains vont perdurer, d'autres pas. Ainsi le Bowling de Prada ou le Jackie O de Gucci ont traversé les saisons en subissant chaque fois de petits toilettages. Alors que des tas de réticules n'ont dansé qu'un seul été ou un seul hiver. C'est la loi du genre : les accessoires sont désormais saisonnalisés. Ils sont soumis au cycle des tendances. D'ailleurs si Gucci et Prada d'abord, Vuitton ensuite et d'autres marques de moindre envergure comme Bailly se sont lancées dans le

*La mode racontée à ceux qui la portent*

vêtement, c'est justement pour raccrocher les accessoires au rythme de la mode. En été et en hiver, on peut ainsi sortir un nouveau lot de sacs et de chaussures en accord avec les modèles du podium. Ils sont très dans le ton du moment et sont donc appelés à se démoder mais cela permettra à la presse de montrer des choses toujours nouvelles sous l'étiquette de la maison. Et d'attiser ainsi le désir des consommateurs. Imagine-t-on vraiment que Vuitton pourrait tenir le devant de la scène uniquement avec son éternelle toile Monogram ? Certes non. D'où l'intérêt d'avoir à demeure Marc Jacobs et son équipe : tous les six mois, ils lancent donc sur le podium de la serre du parc André-Citroën à Paris une série de vêtements accompagnés de nouveaux sacs. L'essentiel, ce ne sont pas les jupes et les robes. Bernard Arnault ne s'en cache pas, qui, à propos de la mode chez Vuitton, dit : « Elle reste l'accessoire de l'accessoire. »

Marc Jacobs a un certain génie pour recuisiner chaque saison les codes de la maison. On lui doit par exemple l'idée de s'associer avec des artistes. Ainsi, sur le podium, on a pu voir les patchworks pop de l'illustratrice Julie Verhoven et les graffitis rageurs de Stephen Sprouse sur fond de toile Monogram. Mais c'est à l'été 2003 que ces « expériences » ont atteint le coup de maître, puisque Marc Jacobs a « engagé » le Japonais Takashi Murakami, véritable star de l'art contemporain, dont les dessins mangas ont transfiguré le logo Vuitton. Le coup médiatique a été orchestré de main de maître et ce d'autant plus facilement que le produit est éminemment séduisant. Le défilé de cet été-là s'est ouvert sur l'amusant « spectacle » d'une rangée de jeunes filles en robes de vendeuses aux couleurs acidulées

*Pourrai-je un jour déguster des biscuits Christian Dior ?*

portant chacune un des exemplaires de la collection Murakami. Le message était clair : il est passé ! Signe de son succès, il faisait les beaux jours des faussaires en tout genre avant même son arrivée en boutique.

Il semble en tout cas qu'un sac qui marche fait forcément du bien à la maison, il lui permet de gagner de l'argent et lui donne une certaine reconnaissance auprès du public. On peut dire que le Domino à clous de Sonia Rykiel et le Lariat en cuir vieilli de Balenciaga ont chacun, dans leur genre, fait beaucoup de bien à leur maison. Ils ont permis à l'une de s'évader de la cage dorée du pull rayé et à l'autre de sortir du ghetto de l'avant-garde. Ils sont réinterprétés chaque saison dans des couleurs et des matières différentes et ont chacun créé un véritable courant. Façon habile de dire qu'ils ont été très imités par toutes les marques. Du Domino, on a beaucoup repris la forme bourse et les clous, du Lariat on a énormément « pompé » le cuir vieilli et les zips. Appelons cela la rançon de la gloire. Rappelons au passage les circonstances de la naissance du Lariat. La maison Balenciaga n'ayant pas les moyens de se payer une campagne de publicité, elle a offert quelques prototypes à des amies triées sur le volet, en l'occurrence l'équipe du *Vogue* français, c'est-à-dire Carine Roitfeld et ses « collègues de bureau ». Celles-ci, conquises, se sont empressées de se faire photographier avec dans le journal... alors qu'il était quasiment introuvable dans les magasins. Le Lariat, en tout cas, était lancé ! Qui a dit que la pub menait le monde de la mode ? L'amitié est aussi un puissant moteur.

Autre exemple qui mérite que l'on s'y attarde : le

*La mode racontée à ceux qui la portent*

Mombassa de Yves Saint Laurent Rive Gauche et sa poignée en corne. L'objet est beau, surprenant en tout cas et il marche. On le voit beaucoup dans les rues des villes élégantes. Pour YSL repris en main par Tom Ford, on peut dire qu'il est tombé à pic. Il a permis au public d'identifier l'image de la maison, de l'inscrire dans le paysage alors que la mode peine à s'imposer, et les ventes, dit-on, à décoller. L'accessoire décidément sauve tout. Vive la diversification !

## Des logos sur les branches

Après le parfum et les accessoires, la diversification la plus spectaculaire de ces dernières années concerne les lunettes, et particulièrement les solaires. C'est une des plus lucratives et des plus accessibles qui soient. Comme dans le cas du parfum, la plupart des maisons n'ont pas les capacités de produire elles-mêmes, elles passent donc un contrat de licence avec un fabricant... qui supporte ainsi l'essentiel des risques financiers. Les modèles sont dessinés sous le contrôle du studio de création, produites dans l'usine du licencié, et la maison n'a plus qu'à toucher des royalties sur chaque paire de lunettes vendue. Elle aura soin dans la campagne de publicité d'inclure un visuel sur lequel le mannequin porte un modèle et le tour est joué. Et cela peut rapporter gros puisque les lunettes, dont la matière première est en général le plastique, ne coûtent pas très cher à produire. Leur prix reste tout de même accessible. Pour le coup, le public adore puisque nul n'est besoin d'être mannequin pour porter des lunettes de soleil et que le cocktail « verres fumés + logo sur la branche » attise tous

*Pourrai-je un jour déguster des biscuits Christian Dior ?*

les fantasmes de glamour ! Les minettes adorent frimer avec les deux « C » strassés de Chanel ou le « CD » doré de Christian Dior. Avec les lunettes, c'est encore une occasion de toucher des gens qui n'ont pas forcément accès à vos produits. Il y a des opticiens à chaque coin de rue dans toutes les villes de France. On ne peut pas encore en dire autant des boutiques Prada, Gucci, Dior ou Vuitton.

### L'aventure de la joaillerie

Au moment où les marques développaient le très démocratique secteur des lunettes de soleil, les grands groupes, eux, « s'invitaient » dans la joaillerie. Autant dire le luxe ultime. Chanel en 1997 puis Dior deux ans plus tard ont commencé par s'installer place Vendôme avec de vraies échoppes de joailliers. Puis Gucci a racheté Boucheron, LVMH Chaumet, et Vendôme (déjà propriétaire de Cartier et numéro deux mondial du luxe) Van Cleef Arpels. En Suisse, au royaume de l'horlogerie où le groupe Swatch régnait jusque-là en maître car il possédait la majeure partie des fabricants, les mastodontes du secteur ont aussi fait une entrée remarquée. En l'espace de quelques mois seulement, le Gucci Group s'emparait de Bedat and Co, LVMH de Tag Heuer et Zenith et Vendôme de Jaegger-Lecoultre. On vous fait grâce de la liste complète des transactions car les rachats et les associations dans le domaine de l'horlogerie et de la joaillerie se sont multipliés à la vitesse d'une Blitzkrieg. Sur fond de guerre PPR-LVMH, les prix ont atteint des montants faramineux. Tout a été payé trop cher. Et la joaillerie notamment n'est pas une activité aussi facile à

*La mode racontée à ceux qui la portent*

faire tourner que la lunette de soleil. Les matières premières, pierres et métaux précieux, sont plus que chères. Les loyers des boutiques et leurs systèmes de sécurité également. Les salaires des ouvriers des ateliers sont aussi à la hauteur de leur talent. Avant que cela ne rapporte, il faut donc mettre la main au portefeuille.

Mais cela ne semble pas effrayer outre mesure les éternels rivaux que sont PPR et LVMH. Place Vendôme, ces deux-là font assaut de fêtes somptueuses. En janvier 2002, Dior Joaillerie a ouvert le bal, c'est le cas de le dire, avec une fête donnée dans la piscine du Ritz par Victoire de Castellane, la créatrice des bijoux, pendant la semaine de la couture sur le thème « la Fiancée du Vampire ». Quelques mois plus tard, en juillet, toujours au moment des collections de haute couture, le Gucci Group investissait la cour de l'hôtel d'Evreux avec candélabres, buffets, piste de danse et parterre de roses artistiquement fanées pour célébrer l'arrivée de Solange Azagury-Partridge, créatrice anglaise, chez Boucheron. Et il a remis ça juste un an plus tard, au même endroit, avec le même faste, pour fêter les cent cinquante ans de la boutique. Tom Ford et Domenico de Sole font chaque fois le déplacement... Devant la tribu mode, ébahie, qui essaie toujours de calculer mentalement combien tant de somptuosités peuvent bien coûter.

Mais la joaillerie et l'horlogerie ne sont pas simplement devenues le très cher terrain de bataille de Bernard Arnault et François Pinault. Chez LVMH notamment, on en a profité pour diversifier à tous crins... Dior, toujours elle, a lancé des montres pendant que Vuitton sortait quasiment au même moment une ligne de bijoux précieux et

*Pourrai-je un jour déguster des biscuits Christian Dior ?*

une montre, la Tambour, dont le modèle le plus haut de gamme est doté du mécanisme El Primero, mis au point par la maison Zénith... désormais propriété du groupe. Appelons cela une diversification par le haut, d'autant plus facile que LVMH a désormais dans son escarcelle des joailliers et des horlogers.

## Du jambon Dior

Il était temps ! s'exclament les grincheux, qui craignent que la diversification tous azimuts ne dénature un peu le luxe. Le diamant est tout de même plus élégant, si ce n'est moins anecdotique, que l'écuelle pour chiens. Car si les dessous chics et les lignes sport, les maillots de bain ou le linge de maison conservent une certaine légitimité, les biberons griffés et les tables de massage de certains ont laissé beaucoup d'observateurs dubitatifs. Certes, ces produits-là sont visés par le directeur artistique qui s'assure de leur cohérence avec la marque. Certes, ils sont en général vendus dans les boutiques contrôlées par la maison pour s'assurer de leur adéquation avec l'esprit de la griffe. Mais tout de même... On se croirait parfois revenu au temps honni des licences. Quand les produits griffés étaient pour le moins farfelus.

Ce système a assuré la fortune des couturiers jusqu'à la fin des années 1980 mais il a aussi précipité leur décadence. Le principe, on l'a vu pour les lunettes de soleil, existe toujours. L'idée : vendre son nom à un fabricant qui produit des babioles sous votre griffe et vous reverse un pourcentage sur les ventes. On a coutume de présenter

*La mode racontée à ceux qui la portent*

Pierre Cardin comme l'inventeur des licences. En réalité, c'est Christian Dior qui y a eu recours le premier pour asseoir sa popularité aux États-Unis. En effet, M. New Look a joui dès ses débuts d'un certain prestige outre-Atlantique, où il est incontestablement le plus connu des couturiers français... Comme on ne peut réaliser la haute couture que dans les ateliers de l'avenue Montaigne, il lui faut des produits pour séduire le marché américain. Mais il ne possède rien d'autre que son nom et son coup de crayon. Il va donc lancer « Miss Dior », parfum destiné à séduire les Américaines, puis va jusqu'à sa mort signer un certain nombre de contrats de licences pour produire des foulards ou des chaussures... On raconte même qu'à un moment ce Normand de bonne famille songe à vendre son nom à un fabricant de jambon blanc. Un jambon griffé Dior ? C'eût été à coup sûr un jambon star. Aujourd'hui encore, pour justifier son manque de révérence à l'égard des codes de la maison, John Galliano explique que M. Dior n'était pas un conservateur mais au contraire un visionnaire, qui avait tout compris des règles du commerce moderne de la mode. Il n'a pas tout à fait tort : Dior a en tout cas fait preuve d'un certain réalisme.

À sa suite, tout le monde va s'engouffrer dans la « licence attitude ». Cardin comme les autres. Même si Cardin est sans doute celui qui signe le plus (on dénombre plus de mille licences Cardin) : il va grâce à cela devenir richissime et le monde entier va être inondé de briquets, de chaussettes et de cravates ornés du logo Cardin. D'un bout à l'autre de la planète, chacun pouvait posséder un petit bout de mythe, un petit quelque chose griffé qui rend

*Pourrai-je un jour déguster des biscuits Christian Dior ?*

votre paire de chaussettes différente d'une banale paire de chaussettes. En théorie, on peut multiplier les licences à l'infini et accorder son sceau à des fabricants de valises à roulettes à Singapour, de cahiers d'écoliers à Romorantin ou de sous-vêtements à Mexico. La plupart des grands, ou du moins leurs gestionnaires, l'on fait, histoire de s'assurer de confortables revenus et d'être tranquilles pour créer comme bon leur semblait.

Le problème, c'est que l'on a fini par se retrouver saturés d'objets qui n'avaient qu'un très lointain rapport avec l'image des couturiers. Yves Saint Laurent, par exemple, régnait sur Paris avec ses smokings et ses fourreaux-sculptures... pendant qu'à Hongkong des pyjamas 100 % nylon échouaient dans les bacs des soldeurs. Qui ne se souvient, en version moins prestigieuse, des cahiers à fleurettes Cacharel qui finissaient, une fois la rentrée des classes passée, au fond d'une étagère pour marchandises de seconde zone ? Les centaines de consommateurs qui se sont offert du luxe sous licence ont été ravis de le faire. Mais la médaille de la démocratisation de la mode finit par montrer son revers. La légende s'écorne, les noms se décotent, le rêve s'effrite, les ventes finissent par fléchir. Car les grands noms ont quand même besoin d'un écrin à leur mesure. Plus près de nous, on a coutume de citer les mésaventures de Calvin Klein. Mr Clean, comme l'ont appelé les journaux du temps du minimalisme triomphant dans les années 1990, avait signé des licences avec Warnaco, un géant du textile américain qui lui a produit des jeans et de la lingerie. Ces jeans et ces petites culottes ont grandement contribué à la popularité de Calvin Klein. Mais

*La mode racontée à ceux qui la portent*

celui-ci n'a pas suffisamment contrôlé Warnaco qui a fini par vendre ces produits dans les supermarchés américains. Une aubaine pour les consommateurs, qui ont fait un triomphe à la lingerie Calvin Klein. Un coup dur pour Calvin, qui se serait bien vu jouer dans la cour des grands avec ses boutiques cathédrales situées dans les beaux quartiers de New York et qui avait du mal dans le même temps à affermir sa crédibilité de créateur, surtout en Europe. Au final, Warnaco a fait faillite et Calvin Klein a eu un mal fou à trouver un acquéreur pour sa société puisqu'il appartient à Philips-Van Heusen, premier fabricant mondial de chemises d'hommes. Même si c'est chose faite désormais. Moralité : une griffe, si elle veut rester belle, doit préserver ou conserver l'apparence d'un certain élitisme.

**Haro sur les licences !**

L'un des actes fondateurs du nouvel âge du luxe, dans les années 1990, a donc consisté à supprimer la majorité des licences. Surtout quand elles « collaient la honte » à la maison. Car elles étaient décidément trop peu conformes à l'image surmaîtrisée que les nouveaux maîtres de la mode entendaient donner à leur griffe. Ils ont attendu qu'elles arrivent à échéance où ils les ont rachetées, parfois à prix d'or... Dans les grandes entreprises, ceux qui étaient chargés de « couper » les licences ont reçu le surnom de « nettoyeurs ». *So* Luc Besson ! Dans le Gucci Group, c'est Domenico de Sole qui s'en est chargé lui-même, pour Gucci d'abord, puis pour Yves Saint Laurent quelques années plus tard. Il a parcouru le monde, il a battu la

*Pourrai-je un jour déguster des biscuits Christian Dior ?*

campagne pour couper une à une ces mauvaises herbes. L'image désormais est totalement maîtrisée. Et on fait un maximum de choses soi-même. Ce qui a permis à Yves Saint Laurent Rive Gauche, une fois « repris en main » par le Gucci Group, d'annoncer un chiffre d'affaires affichant une magistrale progression de quasiment 100 %. En réalité, la marque ne s'est pas mise tout à coup à caracoler en tête des ventes... elle a surtout commencé à produire elle-même la majorité de ses modèles alors qu'ils étaient auparavant souvent confiés à des licenciés, c'est-à-dire à l'extérieur. Et tout ce qui porte la griffe Yves Saint Laurent Rive Gauche a donc reçu l'imprimatur de Tom Ford en personne.

Ce contrôle-là, le sien comme celui qu'exercent Miuccia Prada, John Galliano, Marc Jacobs et les autres, nous préserve donc du n'importe quoi ! C'est eux qui décident et c'est eux qui savent... si la prochaine étape nous mène vers les biscuits et le champagne à logo.

# 6

# Est-ce que le shopping est devenu le but ultime de l'existence ?
## Ou
## Du bon usage des boutiques

Des dizaines de filles sur des talons très hauts et autant de garçons, torse avantageux et cheveux courts. Des nuées de photographes et quelques messieurs chics en costume gris, accompagnés de dames bien mises qui ont précisément l'air d'être ce qu'elles sont : leurs épouses ! Ce soir, Paris en général et les Champs-Élysées en particulier sont rutilants. Au 101 de ce qui est encore la « plus belle avenue du monde », on se presse pour assister à un événement dont personne n'a encore réellement l'habitude : l'ouverture d'une boutique. Mais pas n'importe laquelle... Au coin de l'avenue George-V, un immeuble flambant neuf étincelle littéralement. Au-dessus des têtes, une passerelle le relie au bâtiment d'en face, soit très exactement à l'étage du restaurant le *Fouquet's*. De la musique s'échappe des fenêtres, le sigle LV est projeté sur le trottoir... Ce soir de février 1998, le groupe LVMH a convié le Tout-Paris, et bien plus

*La mode racontée à ceux qui la portent*

encore, à l'ouverture du premier mégastore de son histoire, le plus grand magasin Vuitton (malletier depuis 1854) du monde, celui où l'on verra toutes les collections de la maison y compris, pour la première fois, les vêtements dessinés par Marc Jacobs. Diantre ! C'est la soirée des superlatifs. Le luxe triomphe et la mode ne doute de rien.

Cette boutique est révolutionnaire. Immense, majestueuse, lumineuse. C'est une sorte de cathédrale avec des dizaines de vendeurs et de vendeuses aussi souriants que polyglottes, des ascenseurs de verre et des banquettes de cuir marron glacé, « la » couleur maison. En américain, on dit *flagship store*. En français aussi, car décidément le terme de « navire amiral » ne parvient pas à s'installer. Il a un petit côté guerrier qu'il n'est pas élégant de souligner. L'anglais, n'est-ce pas, atténue bien des choses. En tout cas, la foule huppée se souviendra longtemps de cette soirée. D'ailleurs, dans les invitations, le service de communication a pris soin de glisser un bracelet de cuir en toile damier, une des matières phares du malletier, à l'intérieur duquel sont « gravés » la date et le lieu de l'événement...

**Toujours plus grandes**

Il ne faudra pas un an pour que la démesure de ce mégastore ne fasse plus frémir grand monde. Car à partir de ce moment-là, dans toutes les villes occidentales, les marques de luxe vont se lancer dans une course à la surface. Vuitton a juste tiré le premier. Les boutiques, désormais, seront toujours plus grandes, toujours plus somptueuses, toujours plus globales. L'année suivante, Bernard Arnault

*Est-ce que le shopping est devenu le but ultime de l'existence ?*

et sa suite traversent l'Atlantique pour inaugurer rien moins qu'une tour LVMH en plein cœur de Manhattan. Confiée à l'architecte Christian de Potzamparc, elle réunit les boutiques Dior et Vuitton. Le mouvement est lancé : désormais, les plus grands architectes sont convoqués par les seigneurs du luxe pour concevoir des boutiques-monuments, des sanctuaires, de quasi-pyramides, à la gloire de la marque. Armani aura donc son mini-grand magasin via Manzoni, Prada son échoppe-musée à SoHo dans New York. Et ainsi de suite... mais nous y reviendrons.

La flotte Louis Vuitton ne va plus cesser de grandir. Entre 1997 et 2003, le maroquinier ouvre quasiment cinq boutiques par an, y compris dans des contrées pratiquement vierges en termes de shopping de haut vol, comme Shanghai, en Chine, Delhi, en Inde, Moscou, en Russie ou Amsterdam, aux Pays-Bas. Même si toutes ces boutiques ne sont pas des mégastores, LV apparaît comme un missionnaire du luxe qui s'en va évangéliser le monde à coups de sacs griffés. À Tokyo, dans ce Japon où Vuitton est traditionnellement une marque superstar, elle ouvre sur l'avenue Omote Sando son plus grand magasin du monde le 31 août 2002. Les gens font la queue devant l'entrée pendant deux jours. Ils dorment dans la rue, en ligne. La queue s'étend sur près de quatre blocs d'immeubles. Les images font le tour du monde. Mais déjà l'état-major de Vuitton se hâte de mettre la dernière main à de nouveaux travaux pharaoniques. Car l'ouverture du nouveau plus grand magasin LV de la planète, sur la Cinquième Avenue à New York, est annoncée pour 2004. Les records sont battus les uns après les autres. Chez Vuitton comme ail-

*La mode racontée à ceux qui la portent*

leurs. Cette course aux mètres carrés donne le tournis... La crise ? Quelle crise !

**Vive la fête !**

Comme les campagnes de publicité, plus encore sans doute, les ouvertures de magasins sont désormais des événements de premier plan. Ils donnent lieu à des débauches d'articles. Les architectes et les directeurs artistiques sont interviewés, les plans rendus publics. Le concept est décortiqué. La façon de présenter une chaussure ou de poser un sac à main sur une table donne lieu à des pages de commentaires. Et les fêtes qui accompagnent inévitablement ces ouvertures sont chroniquées en long, en large et en travers. Elles enfièvrent les gens de mode qui préféreraient être mal habillés plutôt que de ne pas paraître à ces *parties* insensées, que les maisons orchestrent avec la même minutie qu'un bal à Versailles du temps de Louis XIV. C'est une débauche de champagne et de petits-fours, de musique et de fleurs... Les maisons dépensent sans compter pour divertir le monde de la mode, qui désormais ne s'amuse que « sponsorisé ». Les vieux de la vieille le déplorent. Ceux qui ont connu les très désintéressées bacchanales d'après-défilé, du temps de la cour Carrée du Louvre soupirent que « tout a changé... » Désormais, quand on danse et que l'on boit, c'est qu'une maison a décidé de recevoir. Et elle ne le fait que rarement pour le plaisir. En général, si elle régale, c'est qu'elle a une boutique à porter sur les fonts baptismaux, un parfum à lancer, un sac à promouvoir.

Dans ces fêtes-là, tout est message, tout est démons-

*Est-ce que le shopping est devenu le but ultime de l'existence ?*

tration de force. Ainsi le milieu se souvient encore que Tom Ford avait convié son monde au palais Brongniart, à la Bourse de Paris, pour le lancement de « Nu », son tout premier jus chez Yves Saint Laurent Rive Gauche. Des dizaines de danseurs, faussement nus avec leur string couleur chair, s'enchevêtraient comme dans une gigantesque partouze dans une cage de verre située à la place de la corbeille. Là où, autrefois, les agents de change criaient leurs ordres de vente et d'achat. On ne pouvait s'empêcher d'y voir un message lancé au monde de la finance : le Gucci Group allait faire valser la Bourse... Las ! « Nu » n'a pas eu les résultats spectaculaires escomptés et le groupe a été très malmené sur les marchés. Il n'est pas certain que si aujourd'hui Tom Ford redonnait une fête, il choisisse un lieu aussi chargé symboliquement.

**Prada au PC**

Autre événement quasi historique dans ce domaine, la fameuse réception que Miuccia Prada et Patrizio Bertelli ont donnée en octobre 2001 au siège du Parti communiste français pour célébrer – qui s'en souvient ? – l'ouverture de la boutique Miu Miu à Paris. L'affaire a fait couler beaucoup, beaucoup, beaucoup d'encre. La maison Prada a même eu droit au journal de 20 heures. Les politologues se sont emparés de ce qui apparaissait comme une preuve supplémentaire du déclin du parti communiste. Les humoristes ont tenté de rhabiller Robert Hue en Prada Uomo et raillé cette manière si élégante de faire entrer de l'argent dans les caisses. On a agité le spectre de la jeunesse gauchiste

*La mode racontée à ceux qui la portent*

de Miuccia et Patrizio. Les plus PC (politiquement corrects) ont expliqué à quel point il était logique que des gens aussi passionnés d'art et d'architecture que les Bertelli-Prada (ils possèdent à Milan une des fondations d'art contemporain les plus en vue du moment) « ouvrent les portes » d'un bâtiment construit par le légendaire Oscar Niemeyer, l'homme à qui l'on doit la ville de Brasilia. Le soir même, dans la bruine d'automne, la place d'ordinaire si calme était assaillie par la foule : des dizaines de badauds derrière les barrières, autant d'invités munis de cartons parfois négociés pendant des heures et des cordons de police pour contenir le tout. Qui a vraiment mesuré sa chance d'être enfin autorisé à entrer dans un bâtiment longtemps protégé comme une forteresse ? Le spectacle de ces jeunes fashionistas dansant sous la coupole verte du comité central, une coupe de champagne à la main, pendant que Jarvis Coker, le chanteur du groupe Pulp, passait des disques à la tribune était proprement surréaliste. Qui s'est souvenu des images des débats des années 1970, à cet endroit même, avec Georges Marchais en dernier défenseur du centralisme démocratique et de Leonid Brejnev ? Georges Marchais n'étant pas un styliste, on a dansé jusqu'à l'aube sans se soucier de lui. En ne pensant à rien d'autre qu'à la mode. Qui, ce soir-là, était au faîte de sa gloire... Pour Prada, en tout cas, ce fut une excellente opération de communication. Est-ce que cela a amené une personne de plus dans la boutique Miu Miu, sise rue de Grenelle, dans les beaux quartiers, à mille lieues de la populaire place du Colonel-Fabien ? Il est en tout cas certain que toute la France, cet automne-là, a entendu parler de Prada !

*Est-ce que le shopping est devenu le but ultime de l'existence ?*

## Mégastore pour fringues pas chères

Les marques de luxe ne sont pas les seules à avoir de l'argent à dépenser pour ouvrir de belles boutiques. Et pour le faire savoir. Dans cette même période euphorique, au mois de février 1998, le bas de la rue de Rivoli est pris d'assaut par des dizaines de jeunes gens curieux venus voir le premier magasin français du géant suédois de l'habillement H&M, numéro deux mondial des « vendeurs de fringues », juste après l'Américain Gap et avant l'Espagnol Zara. La presse parlait depuis des mois de la mode pas chère d'H&M. Le jour de l'ouverture, l'émeute fut telle que l'on fit donner des brigades de CRS. À partir de ce moment-là, H&M n'allait plus cesser d'ouvrir des boutiques en France. Dans les premiers temps, la marque le fit dans une ambiance pour le moins mondaine. Le jour de l'ouverture du point de vente du forum des Halles, la presse et quelques people furent conviés à danser et à faire du shopping (avec ristourne) toute la nuit dans le magasin pendant qu'Ariel Wizman, DJ à la mode, figure du Tout-Paris et animateur de télévision, faisait danser la « foule ». C'était quasi aussi chic qu'une fête Vuitton et il y avait presque autant de photographes.

Et quand l'Américain Gap a racheté le magasin Bouchara des Champs-Élysées pour y installer son mégastore parisien, à cinq minutes à pied de celui de Louis Vuitton, il a aussi donné une fête endiablée. Si l'on voulait exagérer, on dirait que la seule différence entre une inauguration de luxe et une ouverture grand public, c'est que, dans le second cas, les invités sont autorisés à passer à la caisse pendant

*La mode racontée à ceux qui la portent*

que l'on s'amuse. Et qu'en prime ils ont droit à une réduction. Consommer pendant que l'on festoie est encore un tabou dans le monde de la mode chic.

Entre Gap et Louis Vuitton, l'avenue des Champs-Élysées est ainsi devenue une artère de shopping tout court. On y trouve désormais aussi bien Morgan, Kookai, Petit Bateau, Zara et Benetton, le Virgin Megastore et Planet Hollywood, Guerlain et Sephora que de grandes et élégantes boutiques Montblanc et Cartier installées tout en haut, près de l'Arc de Triomphe. Attirent-ils le même public ? Sans doute. En tout cas, tous ces mégastores spacieux et ouverts véhiculent le même message, invisible mais évident : « Entrez, vous êtes les bienvenus, quel que soit votre pouvoir d'achat ! »

**Le luxe dédramatisé**

Ainsi Montblanc et Cartier s'installent en grande pompe pour séduire familles russes et groupes de Japonais, provinciaux en goguette et nouveaux Chinois à qui l'industrie de la mode a clairement décidé de rendre le luxe plus facile. La politique des maisons est claire : les « consommateurs aspirationnels » sont les bienvenus dans ces chères boutiques. Interdit de les effrayer, d'être élitiste et snob. C'en est fini de ces antres intimidants pour initiés, de ces boutiques aux allures de salon de thé où des vendeuses raides comme des profs de danse classique ne décrochaient rien d'autre que des sourires condescendants. Psychologiquement, le luxe se dédramatise. Il a pignon sur rue, il se démocratise. S'installe dans les artères passantes des villes.

*Est-ce que le shopping est devenu le but ultime de l'existence ?*

Désormais, chez Vuitton comme ailleurs, il y a de tout et à tous les prix, des malles-cabines réalisées sur mesure dans les ateliers d'Asnières et des mini-sacs autour de 200 euros. Et les vitrines sont traitées avec le même soin que les campagnes de publicité... Entrez donc, mesdames et messieurs ! N'ayez pas peur du luxe.

Est-ce à dire que l'on « shoppe » chez Vuitton comme chez H&M ? Tout de même pas... Les premiers distillent un parfum de légende et mettent en scène la solennité d'une histoire veille de presque cent cinquante ans. Les seconds essaient juste d'avoir suffisamment de place pour faire passer les portants de fringues que les clientes essaient non-stop, du matin au soir. Chez les premiers, le badaud peut se contenter de regarder mais il y aura toujours un moment où un vendeur au physique avantageux viendra lui proposer ses services avec une amabilité infinie. En théorie. Tout est pensé pour qu'il soit traité comme s'il faisait partie d'un club de VIP. Les vendeurs ont ordre de ne pas intimider les clients et d'afficher d'excellentes manières. Le luxe doit être une expérience. Chez les seconds, aucun vendeur ne viendra jamais vous importuner et c'est tout juste s'il sera en mesure de vous fournir un renseignement sur la taille ou la couleur d'un pull. Le rangement n'est pas la vertu première de ces lieux. Mais le *cheap* est aussi une expérience. Dans son genre...

Cependant le parallèle, s'il a tout du crime de lèse-majesté, n'est tout de même pas innocent. Car les marques de luxe d'un côté et les mastodontes de la mode accessible de l'autre ont complètement changé le visage des centres-villes qui sont devenus de véritables centres commerciaux

*La mode racontée à ceux qui la portent*

à ciel ouvert. Ils ont modelé le paysage urbain, se battent pour les mètres carrés et ont fait grimper les prix à vitesse grand V. Trouver le bon emplacement et la surface adéquate est devenu un véritable casse-tête. À ce jeu-là, mieux vaut être puissant : les agents immobiliers comme les entrepreneurs préfèrent « dealer » avec des groupes. C'est l'assurance de pouvoir engranger des transactions en série pour toutes les maisons d'un même groupe. Ainsi Cartier et Montblanc, qui s'installent côte à côte sur les Champs-Élysées, sont tous les deux dans l'écurie Vendôme. À Londres, le magasin Gucci quitte son emplacement de Bond Street pour un lieu plus grand mais laisse sa place à Yves Saint Laurent, sa cousine... Nul doute que les négociations sont plus aisées dans ces conditions !

Pour les autres maisons, les indépendants notamment, la compétition est devenue de plus en plus serrée. Les grands groupes rôdent, prêts à bondir, dès qu'un pas-de-porte se libère, à faire monter les enchères. Tous les observateurs le reconnaissent : de nos jours, rien n'est plus important que d'avoir une boutique à soi et à la bonne adresse qui plus est. Sans un magasin qu'elle contrôle, et où elle pourra choisir de présenter ses produits en totale adéquation avec son style, une jeune marque ne peut espérer se faire une place au soleil. Si elle n'a pas les moyens de faire de publicité, il faut au moins qu'elle dispose d'une échoppe. C'est le choix qu'a fait la maison Marni qui a ouvert à Milan, Londres, Tokyo, Paris et New York. Et tout le monde s'accorde à dire que si la boutique n'est pas dans une « zone » de shopping, elle est quasi condamnée. On peut, bien sûr, choisir de se tenir à l'écart des sentiers battus,

*Est-ce que le shopping est devenu le but ultime de l'existence ?*

chercher un espace « atypique ». Mais pas trop loin quand même d'un centre névralgique... De toute manière, il y a de fortes chances que d'autres finissent par vous y rejoindre. Comme ce fut le cas dans le Meat Market à New York, passé en une poignée d'années d'une zone malfamée à un lieu branché.

## Les boutiques comme un virus

Quand les uns s'installent, les autres suivent. On n'en est pas encore à voir Zara ouvrir juste à côté de Prada. Mais on n'en est pas loin. Il n'y a plus tellement de périmètres sacrés où les gens du luxe restent entre eux. Sauf peut-être la via Montenapoleone à Milan et l'avenue Montaigne à Paris, ces artères du luxe où les boutiques s'alignent, rutilantes et monumentales, avec une rigueur militaire qui évoque des généraux en ordre de bataille. C'est impressionnant et pour tout dire un peu tétanisant. Mais les uns ne sont jamais trop loin des autres. Qui dit qu'un jour Zara ou les autres ne viendront pas s'installer au cœur de ces « lieux de culte » ? Dans les quartiers chics, après tout, il y a toujours des banques et des bureaux qui regorgent d'employées qui ne demandent pas mieux que d'aller faire un peu de shopping chez Zara à l'heure du déjeuner... Les boutiques de toutes obédiences sont désormais des virus qui se répandent à grande vitesse. À croire que tout le monde vise le même public, drague les mêmes clientes...

C'est le sens de la métamorphose qui a saisi, à Paris, les Champs-Élysées puis Saint-Germain-des-Prés. En l'espace de quelques années, la Rive Gauche s'est dépouillée

*La mode racontée à ceux qui la portent*

de ses habits de haut lieu de l'intelligentsia pour devenir un quartier chaud du shopping. Dior à la librairie le Divan, Emporio Armani au Drugstore Publicis, Cartier juste en face du Monoprix de la rue de Rennes ? On a presque oublié que cela avait fait scandale. Et quand Zara a bouté Tati hors des murs de l'ancien immeuble Félix Potin, un monument historique, rue de Rennes aussi, on a compris que la bataille avait été gagnée. Par K-O !

Que dire de ce fameux tronçon de la rue de Rivoli où H&M avait créé l'événement il y a plusieurs années ? À quelques numéros de là, LVMH a installé, dans l'ex-immeuble de la Belle Jardinière, qui faisait partie de la corbeille de mariage de Boussac, le quartier général de Vuitton. Puis le groupe a racheté la Samaritaine, transformée aussitôt en grand magasin fashion pour les bobos de la rive droite, ceux qui vivent entre Bastille et République. Et dans un des anciens immeubles de la Samar', LVMH a installé un immense magasin Kenzo, relooké jeune, et un spa, la « bulle Kenzo ». Puis il a loué l'espace restant, la sublime terrasse du dernier étage au *Kong*, un restaurant décoré par Philippe Stark, et tenu par un des moguls de la nouvelle restauration parisienne Laurent Taieb. L'endroit, dont la décoration évoque un peu le clip que le photographe Jean-Baptiste Mondino avait réalisé pour illustrer l'unique chanson enregistrée par Jean Paul Gaultier dans les années 1980, se veut l'endroit idéal pour déjeuner entre deux séances de shopping. Et comme si cela ne suffisait pas, on a placé à l'entrée du *Kong* une petite vitrine dans laquelle sont disposés quelques modèles « accessibles » produits par le groupe LVMH, notamment le modèle tout

*Est-ce que le shopping est devenu le but ultime de l'existence ?*

jean du sac Baguette de Fendi. Un premier prix... L'autre grand locataire de l'immeuble c'est Zara, qui y a installé une énième boutique parisienne. Soit juste en face d'une enseigne plus ancienne. Zara locataire de LVMH ? Voilà qui est réjouissant. Il n'a pas fallu deux ans au Pont-Neuf pour devenir une aire fashion.

Trouver le bon emplacement relève donc du parcours du combattant. Mais « définir le concept d'une boutique » est aussi devenu un enjeu majeur. Cela fait partie des nombreuses tâches des directeurs artistiques. Cohérence, rigueur, respect de l'image : les boutiques sont le troisième pilier du trio sacré, défilé-publicité-vente. La décoration doit être en résonance avec la personnalité de la maison. La boutique est un écrin pour la mode, les accessoires et tous les produits dérivés de la marque. Les codes doivent y être très lisibles. Dans les premières années de l'expansion tous azimuts du luxe, les marques font le choix de l'uniformisation. Tout commence dans le bureau du directeur artistique qui définit un concept de magasin appliqué à son *flagship store*, devenu une sorte d'appartement témoin. L'idée est ensuite dupliquée à l'identique dans toutes les boutiques du monde. Les clients doivent sentir l'esprit de l'avenue Montaigne ou de la via Montenapoleone souffler chez eux, à des milliers de kilomètres de là. On doit être chez Prada à Florence comme on était chez Prada à Séoul. Et, à l'autre bout de la chaîne, on doit se repérer chez Zara à Rio comme chez Zara à Barcelone... Pour ne citer qu'eux ! C'est la mondialisation dans toute sa splendeur.

Les maisons de luxe comme Zara et consorts ont

*La mode racontée à ceux qui la portent*

désormais pris le contrôle de leur réseau de distribution. Quand une boutique à l'enseigne d'une marque ouvre quelque part, il y a de fortes chances pour qu'elle appartienne à 100 % à la marque en question. Le système des franchises, comme celui des licences, a fait long feu ! Les franchisés, une fois qu'ils avaient payé leur dîme, pouvaient faire ce qu'ils voulaient et donc n'importe quoi. Sacrilège ! Dans le même temps, beaucoup de boutiques multimarques, dans les grandes villes comme en province, où elles étaient quasiment les seules à faire passer le message de la mode, disparaissent. Elles sont indépendantes, elles aussi, et n'ont pas le poids de s'aligner dans la compétition pour le contrôle des pas-de-porte. Que faire face aux grandes marques et aux chaînes de boutiques ? En maîtrisant leur distribution, les marques sont en outre certaines de faire de gros bénéfices. Certes, cela leur coûte cher au départ en loyer et en travaux mais, au final, chaque centime généré par une boutique aboutit intégralement dans leur poche. C'est aussi une des raisons qui explique la multiplication des boutiques... En temps d'euphorie économique, on décuple les occasions de gagner des sous. Quand ça va moins bien, la facture est plus lourde. Mais tout le monde sait que l'économie est faite de cycles et espère que, lorsque le moral sera à nouveau au beau fixe, les gens se précipiteront en masse à la caisse de ces rutilantes boutiques.

## La mondialisation n'est plus tendance

C'est la théorie mais, en pratique, la crise économique a là aussi bouleversé les choses. Depuis les bouleversements

*Est-ce que le shopping est devenu le but ultime de l'existence ?*

du 11 septembre, l'idée du « tout-pareil » s'essouffle et la mondialisation n'est plus aussi à la mode qu'avant. Comme rien de ce qui concerne l'air du temps n'échappe à nos chers directeurs artistiques, ils se grisent tous à présent de personnalisation et d'individualisation. Interdit, désormais, de « shopper » à Florence comme à Taïwan. Chaque boutique doit être unique : c'est le nouveau credo. Et il n'est pas dit que ce soit uniquement un caprice de la tendance. L'uniformisation, dorénavant, fait trop Gap-Zara-H&M. Pas assez luxe ! Le tourisme qui draine des dizaines d'acheteurs du luxe dans les voyages ayant été durement touché par la crise, il convient de donner à ceux qui « bougent » encore des raisons de le faire. Le dépaysement est à nouveau une valeur en hausse. Le public de la mode est devenu plus exigeant.

Et puis il y a l'exemple du Japon, grand consommateur de luxe devant l'Éternel ! Le pays est plongé dans la plus grave crise financière de son histoire mais le niveau de vie n'en a pas pour autant coulé. Ce qui a changé, ce sont les habitudes des Nippons, qui se lancent moins volontiers qu'avant dans des virées shopping en Europe ou aux États-Unis. Ils restent plus volontiers chez eux où ils consacrent l'essentiel de leurs économies à acheter des sacs griffés et des vêtements de créateurs. Les marques de luxe ont donc pratiquement décidé, même si elles ne le disent pas comme ça, de venir leur offrir du dépaysement sur mesure à leur porte. Les rues chics de Tokyo se sont couvertes de boutiques plus spectaculaires les unes que les autres. De Hermès à Chanel et de Prada à Dior, tous mettent, pour parler trivialement, le paquet ! Hermès a ouvert une sorte

*La mode racontée à ceux qui la portent*

de cathédrale de verre transparente, puis ce fut au tour de Vuitton de faire l'événement sur Omote Sando. Ces boutiques, qui collectionnent les articles dans les revues d'architecture, sont réellement des pièces uniques.

Quant à Prada, il a défini un programme appelé « Épicentre ». Le premier exemple fut le fameux magasin newyorkais de SoHo confié à l'architecte star Rem Koolhaas. Le second a ouvert à l'été 2003 à Tokyo. Il est dû au duo d'architectes suisses Hertzog et De Meuron, déjà auteur du musée londonien la Tate Modern. Le bâtiment, proprement stupéfiant, évoque une ruche avec alvéoles apparents. Plus chic, tu meurs. Plus intello, tu étouffes. Admirons un peu la prose de la maison : « Le groupe a le désir d'approcher le concept de shopping sous un angle et un design différents dans quelques-uns de ses nouveaux magasins dans quelques endroits sélectionnés autour du monde. » La maison Prada a plus l'air d'un mécène que d'un vulgaire commerçant. De même, dans le groupe Gucci, on est particulièrement fier de mettre en avant les nouvelles boutiques des trois marques émergentes : Alexander Mac Queen, Stella McCartney et Balenciaga. Ouvertes à New York, Londres ou Paris, elles sont chacune différentes et surtout très originales. Baroques, fantastiques, entre l'installation d'art contemporain et le décor de théâtre, elles imposent une voie à mille lieues de l'esthétique minimaliste, pompée au premier degré sur les galeries d'art, les White Cube, qui était jusque-là attachée aux boutiques de luxe.

*Est-ce que le shopping est devenu le but ultime de l'existence ?*

## Le shopping, loisir chic !

Ces métamorphoses urbaines sont autant de preuves que faire des courses est devenu le loisir ultime. Et les boutiques font figure de véritables parcs d'attractions. Vittorio Radice, un Italien aussi chic qu'un Anglais, est le très brillant patron du grand magasin Selfridges. Il l'a fait passer de l'esprit « Au Bonheur des dames » en temple de la branchitude. Il est devenu un théoricien de ce que l'on pourrait appeler le « shopping spectacle ». Pour lui, les boutiques de mode sont les nouvelles cathédrales, des cathédrales de la consommation. L'acte d'achat aujourd'hui est plus important que l'achat lui même. « Le shopping est la dernière des libertés, dit-il. Nos vies sont si réglées par des délais, des réunions, des devoirs et des obligations que nous vivons maintenant dans une sorte de machine alors que pendant le temps du shopping, en faisant une sélection, un choix permet d'être simplement soi-même. Après la Seconde Guerre mondiale, le shopping était rationnel. Il était question d'utilité. Maintenant nous achetons sur une impulsion des choses dont nous n'avions pas besoin. La chose la plus fantastique est donc ce moment où nous achetons[1]. » La mode est donc devenue un *entertainer*. Au même titre, par exemple, que l'industrie du cinéma. Sauf qu'une paire de chaussures coûte beaucoup plus cher qu'un ticket d'entrée dans une salle !

---

1. *Vogue* G.-B., février 2003.

# 7

## Est-ce que la haute couture ne sert plus qu'à habiller (gratuitement) les vedettes ?
### Ou
### Le people, nouvel opium de la mode

Le souffle ralentit. Le rythme cardiaque s'accélère. Les tempes bourdonnent. Au festival de Cannes, la montée des marches est un moment d'angoisse proche de l'insoutenable pour les attachées de presse des grandes maisons. C'est l'épreuve du tapis rouge ! Elles ne quittent pourtant pas leur chambre d'hôtel où, devant la télévision, il leur suffit d'attendre que la star du jour descende de sa limousine. Et révèle si, oui ou non, elle leur a accordé ses grâces. Ce soir de mai 2003, c'est la reine Nicole Kidman, l'impératrice de l'allure, celle dont la presse américaine, donc le monde entier, salue l'élégance à longueur de colonnes qui est attendue. Un moment de suspense... « *The winner is...* » : Pucci ! Le staff de la maison italienne saute de joie, trépigne de bonheur, Nicole porte bien la robe rouge aux volutes psychédéliques que Christian Lacroix, le directeur artistique,

*La mode racontée à ceux qui la portent*

lui a dessinée en exclusivité. Plus des bijoux que la maison Bulgari lui a prêtés.

Gagner une Palme d'or n'aurait sans doute pas fait plus plaisir à la vénérable griffe Pucci, créée au début du siècle par le marquis Emilio et rachetée à la fin des années 1990 par LVMH, qui a donc placé à sa tête l'un de ses plus anciens poulains, le couturier Christian Lacroix. C'est que « la » Kidman sait ménager ses effets et administrer de cinglantes surprises. Deux ans plus tôt, elle était venue présenter *Moulin-Rouge* à Cannes et le monde entier attendait ce qui était sa première grande sortie après son divorce d'avec Tom Cruise. On lui prêtait alors une liaison avec Ewan Mc Gregor, son partenaire dans le film... Bref, tous les regards étaient braqués sur elle. La maison Dior, qui avait déjà eu l'honneur de l'habiller lors d'une cérémonie des Oscars, lui avait préparé une tenue dans le plus grand secret. Mais, n'y tenant plus, le service de communication avait, quelques jours avant ce qui devait être un véritable D. Day, inondé la presse mondiale de communiqués triomphaux. Nicole Kidman allait porter du Dior pour la présentation du film... Sauf que pas du tout. Dès qu'elle a mis un pied sur le tapis rouge, les Dior people se sont rendu compte avec une douleur mêlée d'effroi qu'elle était en noir. En tout cas pas en Dior. Au même moment, dans la chambre d'hôtel d'un autre palace de la Croisette, le fax s'est mis en route : c'est Tom Ford pour Yves Saint Laurent Rive Gauche qui a eu l'immense honneur de vêtir Nicole d'un grand jupon de Gitane inspiré de la collection de l'hiver à venir. Scandale !

*Est-ce que la haute couture ne sert plus qu'à habiller...*

## Habiller « la » Kidman...

L'affaire a durablement marqué les esprits. Ce genre de volte-face représente encore aujourd'hui le cauchemar absolu. « Les gens de Dior étaient trop sûrs d'eux. Ils n'auraient jamais dû s'emballer. Kidman déteste qu'on la prenne de vitesse. Chez YSL, ils ont bossé, discrètement... et ils se sont contentés d'attendre dans le couloir de l'hôtel pour voir ce que Nicole avait finalement choisi. Dès qu'ils l'ont aperçue, ils ont juste pris le temps de pousser un soupir de soulagement et ils ont couru envoyer leur communiqué », croient savoir les partisans de Tom Ford. « Elle a dû toucher un chèque qui dépasse l'entendement », assure-t-on du côté des pro-Dior. Entre Nicole et Dior, la brouille, en tout cas, s'est avérée durable. Il faut dire que ce genre de déconvenue a de quoi rendre une grande maison amère. Car habiller Nicole est aujourd'hui un sésame vers le succès. On peut être certain que la photo de la star sera publiée, en bonne place, dans les journaux, sous-titrée du nom de la maison qui l'a vêtue. Et les magazines américains, qui ne tarissent pas d'éloges sur l'allure de Mademoiselle Kidman, attribueront illico à la griffe sur laquelle elle a jeté son dévolu l'étiquette « hautement désirable ». Outre-Atlantique, la presse est tellement prescriptrice que cela constitue une belle publicité... gratuite. Mettre ses ateliers au service de Nicole, lui réaliser une robe exclusive sur mesure, la lui faire parvenir pour un essayage, la récupérer pour les retouches et la renvoyer le jour de la cérémonie est finalement un investissement très profitable.

*La mode racontée à ceux qui la portent*

La reine Nicole règne donc sans partage sur les actrices d'aujourd'hui. Si l'on osait, on la comparerait aux souverains thaumaturges du siècle de Saint Louis, ceux dont on disait : « Le roi te touche, Dieu te guérit. » Elle fait du bien aux gens qu'elle porte. Et c'est particulièrement vrai dans le cas de Christian Lacroix dont la cote, outre-Atlantique, a singulièrement souffert ces dernières années. Avant Cannes, Nicole avait opté pour un ensemble Lacroix haute couture lors de l'élégante remise des prix du CFDA (Council of Fashion Designer of America), une cérémonie où se presse le Tout-New York fashion. Cela avait fait grande impression et surpris l'assistance qui avait tendance à oublier Lacroix.

Car l'histoire d'amour entre l'Arlésien et l'Amérique fut aussi brève que fulgurante. Dans les années 1980, Lacroix est chez Patou et son sens de la couleur bluffe la critique de mode. Les journaux de tous les pays s'extasient mais c'est Manhattan qui lui fait un triomphe. Il a droit à des réceptions somptueuses sous la statue de la Liberté. À cette époque, Bernard Arnault, qui est en train de constituer le groupe LVMH, prend le risque de lui installer une maison de couture. Comme Marcel Boussac qui a financé les débuts de Christian Dior au sortir de la guerre, Arnault se rêve mécène. Mais l'étoile de Lacroix ne tarde pas à pâlir. Son style flamboyant ne cadre pas avec le minimalisme des années 1990. Lui le rêveur, le poète, l'artiste, qui cherche à s'éloigner d'Arles et de son folklore et se passionne pour les idées et l'art contemporain n'est pas à l'aise à l'ère du marketing. Sa maison perd de l'argent alors que certaines en gagnent tant. Tom Ford et les autres deviennent les

*Est-ce que la haute couture ne sert plus qu'à habiller...*

nouveaux héros de la mode. Avec Nicole, Lacroix se rappelle donc au bon souvenir des Américaines et la maison Pucci ne peut que se féliciter du coup de projecteur que l'on vient ainsi de jeter sur elle.

Dans les grandes maisons de Paris ou Milan, tout le monde rêve donc qu'un jour la star rouquine pose son long doigt sur un des noms de la liste que lui soumet sa styliste personnelle, L'wren Scott. Cette longiligne personne, qualifiée de « silhouette d'asperge » par l'édition américaine de *Vogue*, est inconnue du grand public mais elle est surpuissante dans le milieu de la mode. On la chouchoute, on la cajole, on l'informe. Elle voit les défilés, les modèles en avant-première puis fait des propositions à Nicole... qui dispose. Ensemble elles dictent leur loi. Elles exigent un croquis personnel donc un modèle spécifique et un contrat d'exclusivité. Aucune autre, ce jour-là, ne doit être habillée par la même maison que Nicole. On s'engage par conséquent à éconduire – avec doigté tout de même – celles qui font une demande de prêt. Et quand Nicole a porté une griffe pour une cérémonie, il ne faut pas espérer qu'elle la regarde la fois suivante. Les règles du jeu qu'elle a imposées au milieu sont dures mais il ne viendrait à l'idée de personne de les remettre en cause ! Toutes les stars du calibre de Nicole ont désormais les mêmes exigences et une styliste attitrée qui se charge des négociations. Julianne Moore, l'héroïne de « Loin du Paradis » est, par exemple, un challenger sérieux pour Nicole Kidman. Et les maisons sont également aux petits soins pour elle. D'ailleurs, Julianne et Nicole ont toutes les deux recours aux services de L'wren Scott.

*La mode racontée à ceux qui la portent*

## Ruée vers les stars

Mais Nicole Kidman s'apprête à brouiller la loi qu'elle-même a contribué à instaurer. Selon des rumeurs de plus en plus insistantes, elle s'apprête, en effet, à signer un contrat avec la maison Chanel pour être l'image du N° 5, parfum mythique entre tous. D'ailleurs, les mauvaises langues soulignent que, à part les spectaculaires exemples de Lacroix et Pucci, la rouquine à la peau laiteuse a beaucoup porté du Chanel ces derniers mois. Comme gage de sa bonne volonté, comme si elle était en campagne électorale. Elle n'avait d'ailleurs pas besoin de cela. Karl Lagerfeld, qui la connaît depuis longtemps, est tout simplement fou d'elle : « Elle est la meilleure des meilleures », dit-il. Nicole Kidman devrait en tout cas apparaître dans la campagne de publicité du N° 5 pendant toute l'année 2004 pour un montant que les sources les mieux informées estiment à presque huit millions de dollars. Un record ! À ce prix-là, elle ne devrait pas porter grand-chose d'autre que du Chanel et n'aura sans doute pas l'outrecuidance d'exiger d'être la seule star au monde à le faire. Le temps de son contrat, au moins, il est possible qu'elle se retire du jeu.

Ce qui laisse la voie libre aux autres stars : car la fête évidemment ne s'arrête pas avec la « retraite » stylistique et sans doute momentanée de Nicole. Le monde est plein d'actrices, de chanteuses et de stars en tout genre à qui les maisons prestigieuses se font un plaisir de prêter robes du soir et bijoux précieux pour les grandes occasions. Car aujourd'hui le sujet people intéresse au plus haut point les gens, des « consommateurs aspirationnels » en puissance.

*Est-ce que la haute couture ne sert plus qu'à habiller...*

Ils dévorent les interviews où les stars révèlent leurs petits secrets (y compris leurs marques de jeans préférées et le nom de leur coiffeur), ils se ruent sur les rubriques « mondanités »... L'audience de ces « infos »-là est bien plus importante que celles des photos de mode classiques, si belles soient-elles. Qui, finalement, sont surtout observées à la loupe par les pros qui en dissèquent les données : nom du mannequin, du photographe, de la rédactrice et griffe du vêtement. Alors que le people permet de toucher un public non connaisseur, qui ne sait pas forcément qui est Tom Ford ou John Galliano mais qui finira bien par « imprimer » le nom de la maison pour laquelle ils officient. Les photos de mode ne « durent » pas. Alors que celles des people, si. Il suffit qu'un journal consacre un article à Nicole Kidman, Jennifer Lopez ou autre Cameron Diaz pour qu'aussitôt l'iconographe du titre ressorte des clichés de la star dans une soirée. C'est toujours amusant, on peut faire une rétrospective. Bref, les journaux, qu'ils soient spécialisés dans la mode ou pas, adorent et les gens aussi. Chez Chanel, encore eux, on se félicite par exemple d'avoir habillé Jennifer Lopez pour les Oscars 2001. Trois ans après, il ne se passe pratiquement pas une semaine sans qu'un magazine republie la photo. Si une maison a la chance d'habiller une étoile dont on parle, elle est quasiment sûre d'avoir des retombées pendant des mois.

## L'« effet tapis rouge »

« Pour l'image, c'est excellent », répètent en chœur tous les pros du secteur. Comprenez : il n'est pas sûr que

*La mode racontée à ceux qui la portent*

les consommatrices se ruent dans les boutiques pour acheter la même robe... qu'elles n'y trouveront d'ailleurs sans doute pas, exclusivité oblige. Mais si la vedette en question est aussi populaire que Jennifer Lopez ou aussi chic que Nicole Kidman, il est certain que la maison en ressentira les effets bénéfiques. Même si aucune étude scientifique ne l'a prouvé formellement, il est raisonnable de penser que la robe rose Chanel de J. Lo aux Oscars a permis à la maison de vendre quelques paires de lunettes aux deux « C » strassés sur les branches à de jeunes fans de la star latino. Il y a bien un « effet tapis rouge ». C'est dire si dans les maisons qui font de la haute couture, là où, par définition, il y a des dizaines de petites mains capables d'exécuter avec maestria des robes d'exception, on ne se fait pas prier pour réaliser les tenues que les stylistes personnelles des stars américaines commandent. Ce travail, qui ne rapporte pas un centime à la maison, se révèle évidemment bénéfique.

Une maison qui n'habille aucune star a d'ailleurs du souci à se faire. Dans *Le Monde*, la critique de mode Laurence Benaim, un des œils les plus vifs du métier, fait remarquer que les collections présentées sur les podiums sont en train de devenir « des antichambres des Oscars ou de Cannes ». Pour sa collection de haute couture de l'hiver 2003, Valentino, grand fournisseur de robes de stars devant l'Éternel, annonce clairement la couleur. Sur le thème de l'hommage au glamour, il fait débuter son défilé par des images des cérémonies des Oscars avec les photos des stars qu'il y a habillées : Jennifer Lopez, Kate Hudson ou encore Julia Roberts. Le message est clair : son vestiaire leur est

*Est-ce que la haute couture ne sert plus qu'à habiller...*

ouvert. Même une maison comme Prada qui « génétique-ment » ne fait pas de soir, donc de robes longues, a mis au point un service aux stars. Miuccia a détaché une de ses plus proches collaboratrices qui fait la navette entre Paris, Los Angeles et Milan et qui adapte des robes de la collection ou en invente de nouvelles, sous son contrôle évidemment, pour les grands événements. Ainsi la sublime robe colonne noire que Cameron Diaz portait aux derniers Oscars était signée Prada même si elle n'est jamais apparue sur le podium. Le message est clair : Prada aussi est glamour et sexy. La raison, évidente : il n'est pas possible pour une maison de l'envergure de Prada de se tenir en dehors de cette « compétition ».

Le people est donc devenu un business avec, dans la plupart des grandes maisons, un budget afférent. Il existe désormais, dans les services communication, des spécialistes de la chose. Ils sont chargés, comme on le dit en anglais, des « celeb' » – les célébrités. Leur job ? Prendre contact avec les stars, leurs agents ou leurs stylistes, les recevoir, les cajoler, leur envoyer de petits bouquets ou de gros cadeaux. Ou l'inverse. Les « chargés de celeb' » vont aussi beaucoup au cinéma, écoutent des disques et lisent la presse à la recherche de jeunes pousses sur lesquelles se ruer... Car rien n'est plus chic que d'avoir dans son « écurie » une star en devenir. Jusqu'à très récemment pourtant, les maisons dédaignaient les débutantes : Audrey Tautou et Ludivine Sagnier ont eu toutes les peines du monde à se dégoter des tenues pour leurs premières apparitions publiques. Aujourd'hui, les attachées de presse tueraient père et mère pour leur prêter ne serait-ce qu'un tee-shirt. Ces pros des

*La mode racontée à ceux qui la portent*

célébrités sont donc chargés d'amener dans le giron d'une maison quelques jolies personnes à habiller en toutes occasions. Ce qui n'est pas tâche facile, les Américaines et leurs stylistes mettant un point d'honneur à toujours surprendre et à changer de griffe d'une occasion à l'autre. Et les Françaises, qui se débrouillent toutes seules, sont aussi inconstantes.

## Entretenir l'amitié

L'idéal pour une maison, c'est donc de nouer une véritable relation amicale avec une actrice. Amitié qui s'entretient évidemment avec des attentions : un cadeau, une rencontre avec le directeur artistique qui apparaît aux essayages, un coup de fil de temps en temps, une aide pour l'habillage le grand soir, des conseils et de la réassurance. Il n'est d'ailleurs pas rare qu'une maison, lorsqu'elle habille une star, fournisse aussi les à-côtés : coiffeur, maquilleur, habilleuse... et garde du corps quand il s'agit de joyaux. Dans tous les cas, les services de la maison hésitent grandement à réclamer la robe et les accessoires en retour. « Quand elles rendent, tant mieux, sinon tant pis. Cela passe par pertes et profits, admet une attachée de presse de l'avenue Montaigne. Il en est d'assez mal élevées ou trop habituées à avoir des cadeaux. On sait d'avance qu'elles ne rendront rien. Et d'autres qui réservent des surprises et qui renvoient en temps et en heure avec en plus un petit mot gentil. Mais la plupart du temps, surtout s'il s'agit d'une star d'envergure, on offre. » Il s'est installé entre les maisons

*Est-ce que la haute couture ne sert plus qu'à habiller...*

et les stars tout un petit jeu, subtil mélange de non-dits et de mauvaises manières.

Mais personne, dans les maisons, ne songerait à s'offusquer de ce genre de choses... Habiller les stars aujourd'hui est non seulement important mais cela fait partie du cahier des charges. Dans les équipes, souvent dans l'entourage même du directeur artistique, on examine avec soin les demandes. Est-ce que telle personne est « correcte » pour l'image de la maison ? Est-ce que telle autre, plus décalée, ne peut pas rajeunir notre image ? Tout est très stratégique et les règles non-écrites de ce véritable tournoi sont extrêmement précises. Les stars américaines sont les favorites toutes catégories confondues. Les jeunes actrices françaises se portent bien. Les plus âgées font parfois peur. Les rappeuses comme les étoiles du R'n'B opèrent une percée remarquable alors que les chanteuses populaires comme les vedettes de la télévision ont une cote très basse.

Avant les Oscars, les Césars ou Cannes, l'ambiance est donc à la battue. On prospecte. On tente de séduire. Au moment des défilés, on fait le tour des hôtels et des agences de relations publiques pour savoir quelle star sera à Paris de façon à l'inviter. Il convient évidemment de lui faire parvenir son carton directement dans sa chambre, avec fleurs et/ou cadeaux. C'est fréquent avec les actrices américaines mais cela tend à le devenir aussi pour les Européennes qui prennent désormais la mode très au sérieux. Elles vont voir les collections, font le tour des maisons, sollicitent celles qui leur plaisent. Car elles savent qu'elles seront surphotographiées et que le glamour fait désormais partie de leurs obligations professionnelles. « J'étais persua-

*La mode racontée à ceux qui la portent*

dée de ne pas l'avoir [le César]. La seule chose à laquelle je pensais, c'était à la jolie bague Chanel que j'avais au doigt et je me disais qu'on la verrait bien si j'essuyais une larme devant les caméras. Je n'ai même pas pleuré... », s'amuse l'actrice Emmanuelle Devos[1].

Mais les maisons les plus prestigieuses ne sont pas les seules à « profiter » du filon. Toutes les marques, même les plus confidentielles, sont ravies de faire savoir que Vanessa Paradis « est fan », que Sandrine Kiberlain « a acheté deux jeans » et que Chiara Mastroianni « vient souvent ». Comme elles n'ont pas de gros moyens, elles n'inondent pas les stars de cadeaux et se contentent de les accueillir dans leurs boutiques. Mais, elles disent toutes que ces jolies actrices représentent leur meilleure publicité...

Signalons au passage que les rapports entre la mode et les people ne se limitent pas au fait de porter une robe ou d'apparaître à un défilé. On adooooooore les avoir aussi à une ouverture de boutique ou à un lancement de produit. Quand une vedette est invitée à ce genre de manifestation, on prend soin en général de lui faire porter un choix de tenues et de lui envoyer une voiture. Et, quand il s'agit d'un nouveau sac, par exemple, on le lui offre évidemment avant tout le monde. Elle se fera un plaisir comme de juste de le porter en public ; il y aura toujours un photographe quelque part pour l'immortaliser. C'est ainsi que Sharon Stone, qui est venue spécialement en mars 2003 à la collection Céline (sans doute pas à ses frais), a pu se promener partout pendant son séjour avec le sac Lock, le dernier-né

---

1. *Elle*, février 2002.

*Est-ce que la haute couture ne sert plus qu'à habiller...*

de la maison. Dans le dossier de presse dudit réticule, il est écrit : « Le sac Lock a déjà conquis les stars internationales. Sharon Stone, qui a assisté au défilé, a adopté la version en croco blanc grand format. » Ce qui ne veut pas dire évidemment qu'elle est allée elle-même l'acheter dans la boutique puisqu'il n'y était même pas encore à l'époque ! Les spécialistes des mondanités constatent en tout cas que les maisons n'ont guère de mal à convaincre les beautiful people de dîner en ville ou de venir croquer des petits-fours s'il y a quelques cadeaux à la clef. « C'est fou ce qu'il est facile de les faire se déplacer quand il y a un portable ou une belle montre à gagner », dit une attachée de presse.

**Des vedettes et rien d'autre**

Mais cela ne se passe pas toujours aussi bien. Souvent, les maisons refusent de faire sortir les vêtements et les accessoires de leurs vestiaires car la vedette qui les demande ne leur semble pas « judicieuse » pour leur image. Elles le font évidemment en termes très diplomatiques. Du genre : « Mille excuses, nous n'avons plus rien en ce moment, toutes nos robes sont ailleurs. » Parfois, on laisse repartir une actrice qui n'a rien trouvé sans trop de regret. « Si rien ne lui va, c'est mieux de ne pas insister, cela risque de nous desservir », susurre une attachée de presse. Dans les coulisses, on raconte offusqué l'histoire de cette talentueuse actrice qui s'est vu répondre dans une grande maison de couture : « Vous pouvez mettre ça mais il faudra dans les deux semaines qui précèdent vous nourrir uniquement de fromage blanc 0 %. » Très hors de propos... Dans la caté-

*La mode racontée à ceux qui la portent*

gorie cauchemar, il y a, dans un autre genre, la vedette qui va acheter elle-même dans le magasin, comme une grande. Là, on ne peut rien contrôler. Chez Balenciaga, on se souvient encore du jour où Maria Luisa a appelé, effarée, pour prévenir que Lara Fabian sortait de la boutique et qu'elle avait fait une razzia de vêtements créés par Nicolas Ghesquière... Tant pis pour l'image ! Lara Fabian sait, elle aussi, qu'il est très chic de porter du Balenciaga.

Signe des temps, certaines maisons ont bâti leur stratégie de développement sur le people. C'est le cas notamment de Dolce & Gabbana. Domenico Dolce et Stefano Gabbana, les deux Italiens chouchous de la jet-set, peuvent s'enorgueillir d'une des plus belles réussites de ces dernières années. Installés dans leur salon de réception tendu de tissu panthère, ils théorisent. Pour eux, le « vrai » pouvoir est à la presse people et MTV, la chaîne musicale, est le meilleur magazine de mode du monde puisque les clips changent tout le temps, présentant les idoles des jeunes dans des looks plus invraisemblables les uns que les autres. Selon eux, c'est d'ailleurs le public de MTV, fou de marques et de logos, qui crée les tendances. C'est dans ses rangs que l'on comptera bientôt les acheteurs du luxe ! Les prêtresses du bon goût, adeptes d'une élégance raffinée et que l'esthétique des vidéo-clips défrise, n'ont qu'à bien se tenir. La mode ultra-sexy des deux compères marche bien. Le chiffre d'affaires de Dolce & Gabbana semble d'ailleurs ignorer la crise puisqu'il augmente de 30 % par an. Ils se sont même payé le luxe de refuser, en 2000, des offres de rachat de Gucci et LVMH. D'ailleurs, on dit Bernard Arnault agacé que ces roturiers, le grand

*Est-ce que la haute couture ne sert plus qu'à habiller...*

Lombard maigre et le petit Sicilien chauve, viennent piétiner les plates-bandes de la couture française. Il paraît qu'il voit la pharaonique boutique des deux compères depuis son bureau de l'avenue Montaigne, situé dans le nouvel immeuble du groupe, l'ancien QG d'Antenne 2. Et que, plusieurs fois, il se serait écrié, rageur : « Mais enfin, qui sont ces Dolce et Gabbana ? »

**Dior et les stars**

La maison Dior, elle aussi, habille les stars par dizaines. Nicole Kidman peut bien bouder, il n'y a pas un défilé Dior sans une brochette de gens célèbres au premier rang, habillés et accessoirisés par la maison. Liz Hurley, quand elle vient, ne manque d'ailleurs jamais d'enfiler son tee-shirt « Dior J'adore ». La maison en tout cas sait recevoir : quand elle invite, comme souvent chez LVMH, si la star n'est pas sur place, elle paie son billet d'avion, sa chambre d'hôtel et assure ses frais de séjour. Bien sûr, les maisons se chamaillent un peu pour les mêmes stars. Si Dior a emporté le morceau, il y a peu de chances pour qu'elle prête « sa star » à Céline ou Vuitton qui ne voudraient pas forcément d'elle ! Même là, l'exclusif est bienvenu. Les rapports de bonne concurrence entre maisons font que d'ailleurs il ne viendrait pas à Chanel l'idée d'inviter quelqu'un de chez Dior. Et la star se voit de toute manière attribuer un programme qui ne lui laisse pas beaucoup de loisir pour aller chez d'autres.

Pour le festival de Cannes, la maison Dior, comme beaucoup d'autres, descend presque au grand complet et loue une ou deux suites à l'hôtel Martinez où elle tient

*La mode racontée à ceux qui la portent*

table ouverte. Il y a là des dizaines de robes, d'accessoires, de chaussures et une cargaison de présents en tout genre, les « goodies », de la simple paire de lunettes de soleil au blouson en cuir. Tout cela coûte très cher et il convient évidemment de rentabiliser le déplacement. L'idée est donc d'habiller un maximum de personnalités en Dior pendant la durée du festival. Autrefois, cela se décidait beaucoup sur place et on prêtait tous azimuts, de Laetitia Casta aux femmes de footballeurs invitées à monter les marches ! Là où la maison Dior affirme sa supériorité, c'est qu'elle « habille » aussi les stars le jour en leur fournissant tee-shirts, jeans et accessoires. Chez les pros, on appelle cela du *product placement*, du « placement de produit » en français dans le texte. La règle : il faut que cela se voie suffisamment pour que le public qui regarde en ait envie. Autre signe que ce « travail » avec les personnalités est vraiment pro : la maison – mais elle n'est pas la seule – appointe des photographes pour immortaliser les stars qu'elle « relooke ». Puis elle envoie les clichés à toutes les rédactions.

Désormais, la maison offre aussi un service sur-mesure et travaille en amont. Et c'est John Galliano en personne qui est censé créer les robes des grandes stars du festival. Comme Monica Bellucci, qu'il a habillée pour les soirées d'ouverture et de clôture dont elle était maîtresse de cérémonie. Elle s'est avancée sur scène en sirène hollywoodienne, dans un style bien plus sobre que les habituelles fulgurances gallianesques. Au passage, John administre la preuve visuelle que le style Dior n'est pas que fou, qu'il est bel et bien portable. Car le public s'identifie plus aujour-

*Est-ce que la haute couture ne sert plus qu'à habiller...*

d'hui à une déesse comme Monica Bellucci avec ses hanches et sa poitrine qu'aux gazelles des podiums qui n'ont souvent ni hanches, ni poitrine. Quand on vous dit qu'habiller les stars est en tout point excellent pour l'image... Mais l'« affaire Monica » a aussi réjoui les observateurs. D'habitude la Bellucci « roule » pour Dolce & Gabbana, dont elle est une amie proche. Elle a d'ailleurs porté leurs créations dès le lendemain de l'ouverture pour présenter son film, *Matrix*. « A-t-elle été payée pour cette infidélité ? Et si oui, combien ? » : ce sont les questions qui ont agité tout le festival. Comme elles agitent en général régulièrement le milieu dès qu'une star apparaît au premier rang d'un défilé ou qu'une autre semble transformée en femme-sandwich d'une griffe. Il en va de ces questions comme du dopage sur le Tour de France. Tout le monde s'en doute, personne n'a de preuves formelles. Mais, à la différence du Tour, ce n'est pas si grave, au fond – la santé de personne n'est en jeu...

## Toutes pour la pub

D'autant que, finalement, les pratiques tendent à être plus « transparentes ». Les maisons ne se contentent plus d'habiller les vedettes, elles passent des contrats avec elles. Autant dire que l'on atteint là la vitesse supérieure. Comme dans le cas de Nicole Kidman et Chanel : la star devient la vedette des campagnes de publicité de la maison. On a par exemple murmuré que la chanteuse australienne Kylie Minogue, longtemps « portemanteau » exclusif de Dolce & Gabbana et amie intime des deux acolytes qui organisaient

*La mode racontée à ceux qui la portent*

des bacchanales échevelées en son honneur dans leur palais milanais et lui donnaient du « Ma petite princesse », pourrait elle aussi devenir une des images de Chanel. Il n'en est rien... Il semble juste que la styliste de Kylie ait eu envie de lui faire changer un peu de style.

Être « image », qu'est-ce que cela veut dire ? Tout simplement qu'il y a entre la vedette et la griffe des liens d'argent qui font que la première s'engage à porter la seconde en toutes occasions et à parler d'elle dès que ça lui est possible. Ces temps-ci, les contrats pleuvent donc. L'année 2003 a été marquée par l'intronisation de la jeune actrice Anna Mouglalis chez Chanel, décidément très en pointe quand il s'agit de vedette. Inconnue du grand public mais dotée d'un physique aristocratique, M$^{lle}$ Mouglalis a donc signé un contrat qui lui accorde un forfait mensuel dont le montant est classé secret Défense. Ses devoirs : elle est un des visages de la campagne du parfum « Allure », apparaît lors des défilés et des soirées de lancement ou d'inauguration des boutiques. Elle est aussi habilitée à parler de la maison dont elle a suivi les cours de formation habituellement destinés aux cadres. Les camélias, le tweed, les perles, les amours et les superstitions de Coco : elle s'est imprégnée de la culture Chanel. La presse du monde entier a parlé d'elle comme jamais sans doute elle n'avait parlé d'une jeune comédienne. À tel point que certains se demandent si tout ce battage n'a pas été un peu cruel pour la belle Anna dont on attend encore les rôles marquants. Pourtant son histoire a sans doute donné des idées aux autres... Et les stars sont toujours plus nombreuses dans les parages de la mode. Les actrices se pressent, dit-on, à la porte des maisons

*Est-ce que la haute couture ne sert plus qu'à habiller...*

pour proposer leurs services. Normal, ce genre de « partenariat » assure de confortables revenus, même si personne n'atteindra sans doute jamais les sommes de Nicole Kidman. Ce qui n'est pas négligeable en ces temps de disette économique pour le cinéma français qui se trouve un peu dépourvu maintenant que Canal + tend à se désengager.

Ainsi, Cristina Aguileira est dans la campagne Versace de l'hiver 2004 transformée en mini Donatella Versace. Madonna et la rappeuse Missy Eliott apparaissent chez Gap. Ce qui est un événement car Madonna n'a qu'exceptionnellement cédé aux sirènes de la pub. Elle aurait, dit-on, touché près de 10 millions de dollars. Monica Bellucci porte les couleurs de Cartier quand Isabelle Adjani défend celles de Chopard. Il est malséant désormais de la photographier sans qu'elle porte quelques « Happy Diamonds » du célèbre joaillier. Chiara Mastroianni roule pour « Enjoy » de Patou quand Liv Tyler incarne les cosmétiques et les parfums Givenchy. Milla Jovovich est toujours l'image d'Emporio Armani, Kristin Scott-Thomas celle d'Armani tout court, alors que, surprenante nouvelle, Charlotte Gainsbourg, d'habitude égérie de Nicolas Ghesquière, s'est engagée pour quelques saisons avec la marque Gérard Darel dont on ne peut pas dire qu'elle soit aussi créative que Balenciaga. On chuchote que la discrète actrice aurait demandé et obtenu plus de 760 000 euros. La liste, évidemment, n'est pas exhaustive.

Mais le cas le plus fou, le plus surprenant, est sans doute celui de Jennifer Lopez. Le mariage entre la star au derrière avantageux et le malletier Louis Vuitton avait tout d'une mésalliance : c'est pourtant sans doute un mariage

*La mode racontée à ceux qui la portent*

de raison. Marc Jacobs, à qui l'on doit l'idée, a donc joué les entremetteurs et parle de l'union de deux icônes. Il n'a pas tort. Sauf que Vuitton, s'il est un véritable opium du peuple au Japon, est encore peu connu chez les Yankees. Il n'était pas inutile que le malletier s'allie à une fille aussi connue outre-Atlantique au moment où le plus grand magasin LV du monde s'apprête à ouvrir à New York. « Il faut croire qu'elle fait vendre. Aux États-Unis, son parfum est numéro un des ventes », susurre, le jour de l'annonce du mariage, une employée de chez Vuitton. En Amérique J. Lo, native du Bronx, est pour le coup une vraie icône populaire qui transcende les clivages et fait rêver les communautés black et latino. Comme Madonna à ses débuts, elle a quelque chose de pas classe du tout mais suffisamment de personnalité pour exciter les branchés qui ne rêvent que de la relooker, de la réinterpréter. Glacée juste ce qu'il faut, la campagne Vuitton, dont les images s'étalent sur la bâche qui recouvre le bâtiment de la nouvelle boutique sur la Cinquième Avenue, montre une Jennifer Lopez chic comme elle ne l'a jamais été. Même si certains regrettent de la voir si glacée, si loin de l'image pulpeuse que l'on a d'elle d'habitude. Il se murmure même que certains pontes de chez Vuitton s'interrogent sur les aspects contre-productifs d'une telle image. À quoi sert de s'être « offert » J. Lo si elle ne ressemble pas à J. Lo ?

**Les stars, nouvelles valeurs sûres**

La ruée sur les people, évidemment coûteuse pour les maisons, semble avoir deux explications. L'une, très

*Est-ce que la haute couture ne sert plus qu'à habiller...*

tendance, d'abord. Maintenant que les images porno chic ne font plus frémir personne, il faut bien créer l'événement. Et des duos comme J. Lo et LV ou Kidman et Chanel font couler autant d'encre qu'un cliché du mannequin à quatre pattes devant un sac griffé. L'autre raison semble plus conjoncturelle. La crise qui dure incite sans doute les maisons à la prudence. Quoi de plus « valeur sûre » qu'une star ? On est certain que les gens la reconnaissent et qu'ils s'identifient, alors que les models, dont la plupart aujourd'hui ne sont même pas top, sont moins connues. Et carrément pas fédératrices. Qui rêve aujourd'hui d'Élise Crombez, la mannequin belge star qui passait ses vacances à Knokke-le-Zoute ? Ces flirts poussés entre la mode et les célébrités donnent donc le sourire à tout le monde.

Sauf peut-être aux fameuses deux cents clientes de la haute couture, ces richissimes discrètes qui, elles, détestent la publicité. Elles apprécient peu que les robes qu'on leur propose soient aussi soumises à Jennifer Lopez et à sa styliste personnelle. Quand on a les moyens de dépenser plus de 120 000 euros dans une robe, on n'a pas envie de voir la même sur les épaules d'une actrice dans la rubrique « mondanités » des journaux. Il y a eu des plaintes, des mouvements de mauvaise humeur. Dans la haute, désormais, il n'est plus coutume de présenter aux clientes qui paient et aux actrices qui ne le font pas les mêmes robes. Et aucun couturier ne se fait jamais prier pour faire des heures sup' et dessiner une petite chose spécialement pour Nicole, Jennifer et les autres...

8

# Puis-je vraiment m'habiller chez Zara comme chez Prada ?
## Ou
### La vraie mode à petits prix

« Vous avez de jolies chaussures. Ce sont des Marc Jacobs ? Nous, on ne les a pas faites cette saison, hélas ! » Cette phrase sort tout naturellement de la bouche d'une vendeuse de chez Zara. Et s'adresse à une cliente de chez Zara. L'anecdote est authentiquissime. La scène se déroule, un jour de semaine à l'heure du déjeuner, dans le magasin de la place de l'Opéra à Paris où, en cette rentrée de septembre, des femmes et des filles de tous âges et de toutes conditions viennent s'approvisionner en froufrous accessibles. Qui ont l'immense avantage d'être l'exact reflet des tendances du moment. Frénétiquement, les clientes tournent dans les rayons, histoire de prendre leur dose de mode à petits prix. Même si certaines cherchent une petite veste noire passe-partout ou une jupe droite sans problème, la plupart ne sont pas là pour réellement se vêtir. Elles ont déjà tout ce qu'il leur faut. Mais elles veulent bien plus

*La mode racontée à ceux qui la portent*

encore : être pile dans l'air du temps, suivre le rythme des podiums, appartenir à une époque qui se grise de tendances. D'où l'impression de fièvre. Ici, on vient, on cherche, on trouve, on s'empare, on achète, on revient. Et l'armée des vendeurs de Zara, jeunes filles sages ou garçons robustes, impeccables dans leurs « uniformes » – chemises et pantalons noirs portés place de l'Opéra comme dans tous les magasins du monde – ressemble à ses clients. Elle aussi lit les magazines et sait à peu près ce qu'il y a, dans la mode, au menu de chaque saison.

Ce jour-là, à cette heure-là, comme tous les autres jours, c'est l'affluence. Et dans les rayons, comme souvent, il y a des filles plus connaisseuses que d'autres, de véritables spécialistes qui n'ignorent rien des tendances du moment. Parfois même elles travaillent dans la mode et sont en tout cas de grosses consommatrices de chiffons. Elles lisent avec une attention soutenue les magazines spécialisés et font du repérage dans les boutiques chics. Et fréquentent Zara avec assiduité. Pas que Zara mais Zara entre autres. Elles le font d'ailleurs avec une délectation particulière car elles achètent en conscience. Quand elles « craquent », elles savent que ce qu'elles choisissent n'est ni plus ni moins qu'une vraie fausse version du top Prada de la saison, de la jupe Gucci du moment ou d'un manteau Céline porté sur le podium.

**Zara : la « copie » comme un art**

En cette rentrée de septembre 2003 en l'occurrence, les boutiques Zara sont remplies de robes trapèze et de petits cirés rouges directement inspirés de la collection

*Puis-je vraiment m'habiller chez Zara comme chez Prada ?*

Marc Jacobs de l'hiver, lui-même totalement sous l'emprise de l'allure Courrèges des années 1970. Pour ces expertes, les collections Zara sont des sortes de cahiers de vacances grandeur nature : elles révisent les tendances de la saison, s'amusent à reconnaître : « Qu'est-ce qui est inspiré par qui ? » ; « Qu'est-ce qui reprend quoi ? » Mine de rien, c'est une révolution ! Car Zara a élevé la « copie » au rang d'art. Ce qui était autrefois une vilenie absolue est devenu quelque chose de totalement admis. D'ailleurs, les dizaines de stylistes qui constituent les équipes de Zara ont du « nez » et font preuve d'un sens certain de la mode. Ils savent repérer ce qui est au sommet. Ils sont vraiment pointus et ne se contentent plus de pomper les collections des grandes maisons mais vont s'aventurer sur des chemins de traverse. Les très grands comme Gucci, Prada, Vuitton, Chanel ou Dior ont évidemment leur lot de « pompage » mais les petits, les avant-gardistes, les branchés sont aussi largement repris. Balenciaga, Stella McCartney, Isabel Marant, Marni, Chloé, pour ne citer qu'eux, se retrouvent aussi dans les rayons de chez Zara. Souvent cités au premier degré. Mais avec une grande habileté dans la réalisation... Le pire pour Zara, ce serait d'avoir du style. Car la marque excelle à proposer à ses clientes le meilleur d'une saison. En général, elle n'oublie rien. Et ne se trompe que rarement. Résultat : rien n'est plus chic, aujourd'hui, que de dire : « Ce top, mais c'est Zara ! ».

Pour comprendre comment fonctionne le système Zara, il faut aller au bout du monde. Ou presque, c'est-à-dire, à la Corogne, au fin fond de la Galice, l'une des régions les plus industrieuses d'Espagne, dans laquelle le

181

*La mode racontée à ceux qui la portent*

textile occupe une large part, tout à l'ouest de la péninsule. Ici, on est loin de la *movida* madrilène, de la branchitude barcelonaise ou de la *dolce vita* de la côte méditerranéenne. Ici, il pleut souvent, les prairies sont aussi vertes qu'en Grande-Bretagne, on mange de solides plats à base de cochonnaille, on mène une vie rude et on travaille beaucoup. Si on compte s'accouder pendant des heures dans des bars interlopes, ce n'est pas là qu'il faut venir. C'est ici en tout cas qu'est né en 1936 le très secret Armancio Gaona Ortega, fondateur et propriétaire de Zara que le magazine américain *Forbes* vient de classer au dix-huitième rang du hit-parade des gens les plus riches du monde. Avec une fortune estimée à 8,4 milliards d'euros, il est en tout cas le citoyen le plus riche de son pays. Il paraît qu'il a été furieux de se retrouver ainsi dans *Forbes*. C'est tout dire du personnage... Quel capitaine d'industrie ne serait pas fier de voir ainsi sa réussite « validée » aux yeux de tous ?

Mais Ortega n'est définitivement pas un capitaliste comme les autres. Même s'il est difficile de dire comment il est puisqu'il n'a jamais accordé la moindre interview, qu'il n'existe qu'une poignée de photos de lui en circulation et que, jusqu'à l'introduction en Bourse du groupe Inditex (le propriétaire de Zara même si Zara représente 73 % du chiffre d'affaires) il y a trois ans, aucun journaliste n'avait été autorisé à pénétrer dans l'antre de Zara. Ce que l'on sait, c'est ce qui se colporte dans les rues grises de La Corogne où l'on croise parfois des jeunes gens branchés ! Ils tranchent, ils sont à coup sûr des gens de chez Zara, de ces stylistes dont le boulot est d'aller glaner des infos sur la mode à tous les coins du monde. La Corogne, d'ailleurs,

*Puis-je vraiment m'habiller chez Zara comme chez Prada ?*

c'est Zara City, voire « Zarapolis » – le titre du livre de la journaliste Cecilia Monller, le seul à ce jour à être paru sur l'empire espagnol. Comme tout le monde, l'auteur a eu beaucoup de mal à obtenir des infos sur Ortega. Car La Corogne est partagée entre la curiosité et le mutisme sur Ortega et sa firme. Quand l'étranger y arrive, il n'est pas rare qu'on lui demande s'il vient pour Zara. Tous les habitants semblent avoir un cousin, un neveu, une tante qui « bosse » pour Inditex. Mais personne ne souhaite en parler très précisément. Alors on continue de murmurer.

### L'énigme Zara

L'austérité semble en tout cas le maître mot du style Ortega qui aurait également détesté qu'un journal publie sa photo dans un concours hippique en compagnie de l'infante Elena ou qu'un autre révèle qu'il possède un yacht. Car il habite encore le quartier de Zalatea, un endroit prisé par la classe moyenne de La Corogne, où vivent aussi beaucoup de cadres du groupe. D'où le surnom de « Zaratea ». On sait aussi qu'il passe souvent ses samedis dans les magasins du groupe. Dans *El Pais* du 30 mars 2003 (supplément week-end), le député espagnol Camillo Nogueira, qui l'a rencontré, raconte : « Il n'a rien à voir avec l'image du chef d'entreprise gominé qui manipule des millions qui ne sont pas à lui. » La publicité et la communication en tout cas ne sont pas ses priorités. Zara n'a jamais acheté une page de pub dans un journal et n'a jamais eu de service de presse structuré pour prêter ses vêtements aux magazines. Car, dit-on, le roulement de marchandises est tel que le temps

*La mode racontée à ceux qui la portent*

que les journaux paraissent les modèles ne seraient plus dans les rayons. Naturellement, quand Ortega a décidé de faire entrer son groupe en Bourse pour assurer son avenir, il a bien fallu que Zara se mette à parler un peu. Les portes se sont entrouvertes. Les journalistes qui sollicitaient des rendez-vous ont été triés sur le volet. On sent que personne n'a l'habitude de « recevoir » et que le monde extérieur fait un peu peur... Mais on a bien été obligé de se mettre un peu à la communication car un actionnaire, doit être rassuré. L'opacité fait flipper. D'autant que le silence de Zara a alimenté toutes les rumeurs. On a longtemps sous-entendu qu'il y avait là quelque affaire de blanchiment d'argent puisque la région galicienne est une plaque tournante du trafic de drogue. L'accusation de travail clandestin a resurgi récemment quand la police a fermé dans la région un atelier qui faisait travailler des mineurs et qui s'est avéré être un fournisseur de Zara... Ortega, pourtant, ne s'est jamais départi de son mutisme. Et la maison continue de s'abstenir de livrer des communiqués de presse. Pour se faire connaître, on a juste eu l'idée d'inviter à La Corogne tout ce que l'Espagne compte de leaders politiques et syndicaux ou de personnalités du monde économique. Mais Armancio Ortega n'était pas là quand José Maria Aznar, le Premier ministre espagnol, est venu. Trop de bruit, sans doute...

Le système Zara garde donc encore une grande part de mystère. Les journalistes qui vont à La Corogne en repartent souvent frustrés. Ortega est là, ils l'ont croisé. C'est un homme un peu rond, d'aspect bonhomme, toujours vêtu de chemises unies sans cravate et chaussé de

*Puis-je vraiment m'habiller chez Zara comme chez Prada ?*

souples mocassins, qui va à la cantine et travaille sur une petite table en Formica toute simple, au beau milieu du bureau de style pour la mode féminine... Mais personne n'a le droit de lui adresser la parole pour l'interviewer. Si l'on se fait plus insistant auprès de ses collaborateurs pour tenter de percer l'énigme, la seule chose que l'on parvient à obtenir est une phrase du genre : « Si M. Ortega a réussi, c'est qu'il est tout à fait exceptionnel et qu'il a un instinct hors du commun. Sans lui, Zara ne serait pas Zara. »

Ce que l'on veut bien admettre. L'histoire professionnelle d'Armancio, ce Galicien pur souche né dans une famille modeste, commence lorsqu'il a treize ans. Il est commis dans une entreprise locale qui fabrique des chemises. À partir de là démarre la légende, une histoire aux couleurs de conte de fées que personne n'a jamais pu vérifier. Mais qu'importe, c'est beau comme un film hollywoodien. Au début des années 1960, Ortega remarque dans la vitrine d'une boutique de luxe de La Corogne un déshabillé rose bonbon qui fait rêver toutes ses concitoyennes. Y compris la propre fiancée d'Armancio qui, pas plus que les autres, n'a les moyens de se l'offrir. Il observe longuement le modèle puis rentre chez lui et le copie en quelques heures pour l'offrir à sa douce qui est aux anges. Avec ses frères, il passe ensuite toutes ses nuits à fabriquer des déshabillés qu'il vend pour la moitié du prix de l'original en faisant du porte-à-porte. Il monte sa première usine en 1969, la Confecciones Gala. Et en 1975, le premier magasin Zara de La Corogne ouvre en plein centre-ville. On copie, toujours, mais jamais à l'identique. Les principes resteront les mêmes jusqu'à aujourd'hui : démocratiser la mode et tout faire soi-

*La mode racontée à ceux qui la portent*

même en contrôlant le circuit – fabrication, distribution et vente. Ortega aurait un jour résumé ainsi sa philosophie : « Face à la mode conçue comme un privilège, nous proposons une formule qui atteint la rue. Nous avons choisi de socialiser la mode. » C'est trop beau pour être vrai.

## Le conquistador

La France est en tout cas un des premiers pays étrangers conquis par Zara : le magasin de la place de l'Opéra ouvre en 1989. La conquête du monde a commencé. Zara s'installe à New York et au Qatar, au Mexique et en Israël, au Chili et au Koweït, au Brésil et en Grande-Bretagne... En tout cinq cent trente et une boutiques à ce jour. Les mêmes vêtements arrivent partout au même moment, les vitrines changent rituellement tous les quinze jours, les boutiques se refont une beauté tous les quatre ans. Et le siège de La Corogne envoie à tous des documents hyper précis, avec photos réalisées au siège et montrant la façon dont il faut agencer les modèles sur les portants. Partout donc, Zara vulgarise la mode... même quand les consommatrices n'ont pas d'éléments de comparaison. À Paris ou New York, elle n'est pas loin de chez Vuitton ou Prada. À Rio ou à Mexico, elle est quasiment considérée comme une marque de luxe tant les prix sont élevés par rapport au niveau de vie. Le dernier pays qui avait jusqu'à présent résisté aux assauts de Zara était l'Italie... Car de l'autre côté des Alpes, le principe des chaînes de magasins n'est pas très répandu. Dans ce pays qui est le plus gros consommateur de vêtements d'Europe, la distribution répond encore à un

*Puis-je vraiment m'habiller chez Zara comme chez Prada ?*

schéma traditionnel. Pour plus de 60 %, elle est assurée par des boutiques multimarques ou des franchisés indépendants et les Italiens sont assez chauvins, quand il s'agit de vêtements. Les marques de luxe sont donc pratiquement les seules à s'être constitué des réseaux de boutiques homogènes, contrôlées et gérées d'une main de maître par la maison mère. Au pays de Benetton, on a pu donc entrer dans le XXI$^e$ siècle sans Zara ni H&M ou Gap.

C'est dire l'ampleur qu'a prise l'ouverture du premier magasin Zara du pays, en octobre 2002, en plein centre de Milan, le plus grand du monde en termes de surface. Les pros du secteur se sont sentis visés en pleine tête. Pour la première fois, cet Espagnol qui les copie avec une telle minutie venait les défier au cœur de leur royaume. C'était une déclaration de guerre, une menace en tout cas. Il y eut même des manifestations de protestations organisées par les syndicats du textile dans les rues de Milan. Giorgio Armani en personne s'est exprimé dans les médias pour défendre l'honneur de la mode italienne. Mais un an après les faits, il y a déjà trois points de vente Zara dans Milan, des dizaines d'autres en projet dans toute l'Italie et la première adresse milanaise, cet historique pas-de-porte, réalise aujourd'hui le plus gros chiffre d'affaires Zara du monde. La conquête de l'Italie est d'ores et déjà en marche.

Rien ne semble donc arrêter Zara... Alors que la plupart des marques de luxe affichent des résultats difficiles, la firme espagnole est toujours en très bonne santé. Qu'est-ce qui assure la pérennité du système ? Pas les prix, contrairement aux apparences. Zara, si elle est infiniment plus abordable que les maisons qu'elle imite, reste quand même une

*La mode racontée à ceux qui la portent*

des marques les plus chères de la grande distribution. Infiniment plus que C&A, Pimkie, Promod, Etam et autres H&M. Même dans les villes occidentales, Zara entretient l'illusion de l'élégance. Les boutiques sont claires, le mobilier de bois et d'acier a tout de moderne, l'éclairage est chaud et étudié, les cabines sont de proportions raisonnables avec des miroirs qui courent jusqu'au plafond. On dit qu'Ortega a fait de la déco une priorité. Les sacs en papier marine sont d'une sobriété de bon aloi. Même si Zara ne fait pas de publicité, il édite des catalogues et met dans les vitrines et les boutiques des photos qui n'ont rien à envier aux publicités des grandes maisons. Ainsi l'été dernier, on a pu voir des images du mannequin Anne Vyalitsyna sur les murs de chez Zara au moment même où elle portait les couleurs du parfum « Chance » de Chanel. Mais elle n'est pas la seule. Jacquetta Wheeler, Gisèle Bundchen, Stella Tennant, Lyia Kebede, et désormais la mythique Kate Moss, quelques-unes des beautés les mieux payées du monde, qui font la une du *Vogue* américain et des autres bibles du secteur ont toutes été l'image de Zara l'espace d'une saison. Nul doute qu'Élise Crombez sera un jour sur la liste. Bref, on n'est pas chez Prada mais on n'est sans doute pas chez Tati. Et Tati a sans doute souffert de la comparaison. En tout cas, on ne s'aventure pas dans les quartiers populaires : on reste dans les rues les plus prospères des centres-villes. Dans les grands magasins parisiens où l'Espagnol a ouvert un corner, il paraît même qu'il arrive en tête du palmarès des ventes, devant les grandes marques de luxe. Même si vous ne trouverez jamais personne pour confirmer ce genre d'information très « shocking ».

*Puis-je vraiment m'habiller chez Zara comme chez Prada ?*

## Made in España

Mais là où Zara a vraiment une longueur d'avance, c'est avec la tendance. Plus à la pointe, on ne fait pas. Et pour cause : il arrive à longueur d'année qu'on trouve dans ses boutiques des modèles vendus simultanément chez les grands. On prête à José Maria Castellano, le directeur général de Zara, ce mot prononcé il y a quelques années : « Zara, c'est du Armani à prix modérés. » On pourrait aujourd'hui remplacer Armani par Prada, Gucci ou Vuitton. Cela, aucun des concurrents de Zara ne sait ou ne peut le faire. Une fois de plus, Ortega a fait preuve d'un flair unique. Là où la plupart des autres ont recours au « made in China », au « made in Marocco, Bulgaria, Romania, Mexico », Zara fait produire la majeure partie de ses modèles « à la maison ». En dehors des quelque seize usines réparties sur le site de Arteixo au siège d'Inditex, il y a en Espagne et au nord du Portugal des dizaines d'usines, d'ateliers ou même de particuliers qui travaillent pour la marque. Seuls les vêtements les plus basiques, ceux qui ne sont pas soumis aux caprices de la tendance, sont comme ailleurs fabriqués à Hongkong ou à Mexico. Si bien que, dans la majorité des cas, il faut entre deux et cinq semaines à Zara pour qu'un modèle fasse le trajet entre le studio de « création » de La Corogne et les portants d'une boutique. Cette rapidité de réaction est totalement impossible quand vos usines se trouvent à l'autre bout de la Terre. Même si la main-d'œuvre espagnole est bien moins chère que la française ou même l'italienne, elle l'est évidemment plus que la chinoise ou la mexicaine, ce qui explique pour partie

*La mode racontée à ceux qui la portent*

les différences d'étiquettes entre Zara et les autres. Mais peu importe, puisque c'est le prix à payer pour être comme en Prada avec du Zara. C'est évidemment le raisonnement des clientes de chez Zara, qui ont appris à jongler avec le temps... L'idée, ici, est d'aller aussi vite que les tendances et les collections sont donc renouvelées sans cesse puisque les modèles, à part ceux qui s'avèrent partir comme des petits pains, sont produits en petites quantités. Quand il n'y en a plus, il y en a encore. Mais c'est du totalement nouveau. Du coup, quand un client craque, il n'hésite pas des heures car il n'est pas sûr de retrouver la même chose quelques jours plus tard. Ce mouvement perpétuel agit comme un aimant, il attire sans cesse des consommateurs désireux de voir ce qu'il y a de neuf. Une des clefs de la réussite, c'est aussi le système d'informations mis en place entre la base et le sommet. Les responsables des boutiques envoient quasiment tous les jours leur rapport à La Corogne : ils expliquent ce qui marche et ce qui est à la traîne, ce qui manque et ce qu'on leur réclame. Et quelques semaines plus tard, ils les reçoivent...

Mutisme oblige, on ne saura probablement jamais avec exactitude pourquoi Ortega a eu si tôt l'intuition que dans la mode moderne le fond et la forme sont si intimement liés. Car désormais le produit n'est rien sans l'emballage. Risquons quand même une hypothèse. Zara, qui est né loin des centres névralgiques du style que sont Paris, New York, Londres ou Milan, a peut-être fait de son complexe initial une force. Les Galiciens, des ploucs qui sont la risée de leurs compatriotes, ont sans doute un besoin viscéral d'avoir eux aussi leur dose d'élégance. Tout plutôt

*Puis-je vraiment m'habiller chez Zara comme chez Prada ?*

que le *cheap* ! De fait, rappelons-le, pour beaucoup de gens de par le monde, Zara est une source de chic. À commencer par les Galiciens eux-mêmes. D'ailleurs, l'autre phénomène commercial de ces dernières années vient aussi d'un pays, la Suède, qui ne s'est jamais distingué par sa contribution à l'histoire du style. Et qui réussit comme Zara à habiller des cohortes de filles à la mode partout où il s'est installé.

Zara-H&M : c'est le match des années 1990 ! Il suffit pour s'en convaincre de passer cinq minutes dans le bureau de Jean-Jacques Salaun, le directeur général de Zara France, un ancien de chez Carrefour. Installé dans le nouveau quartier de Bercy, avec une vue hallucinante sur l'entrelacs d'autoroutes et de voies ferrées qui couvre cette partie-là de l'Est parisien, il a une carte sur les murs. L'une représente la France et chaque punaise est une boutique : il y en a beaucoup. L'autre, c'est Paris, et elle est aussi constellée de punaises. Beaucoup de punaises rouges qui représentent les magasins Zara. Beaucoup, beaucoup.

## Du côté des Suédois

Comme Zara, H&M est dont parti à l'assaut de la classe moyenne occidentale rendue avide de mode par la publicité et l'expansion du luxe. Comme Zara, H&M a sans doute rendu les gens encore plus affamés de mode. Mais les comparaisons s'arrêtent là. Parce que les deux mastodontes ont des styles radicalement différents. H&M, que l'on surnomme l'IKEA de la mode, s'est installé dans un immeuble banal mais aéré en plein centre de Stockholm. Bois clair et larges vitres, on y croise des dizaines de jeunes

*La mode racontée à ceux qui la portent*

gens souriants qui pour le coup ont vraiment l'air de sortir d'un catalogue IKEA. Les filles sont belles et saines. Les garçons, s'ils ne ressemblent pas à des joueurs de tennis, affichent un look gentiment branché. Ni trop, ni trop peu. Dans la « White Room », le studio de création qui s'étale sur plusieurs étages, quatre-vingt dix stylistes et cinquante modélistes officient à la dizaine de lignes que propose la marque. De Clothes pour les jeunes les plus pointus à Big is Beautiful pour les femmes bien en chair... Le truc, c'est de diversifier l'offre. Les collections se font en équipes avec des personnes chargées du style et de la coupe proprement dits, les autres de l'aspect commercial ou de la liaison avec les usines sous-traitantes d'H&M en Asie ou dans le sud de l'Europe. Comme dans les studios de création des grandes maisons, il y a là des dizaines de magazines de mode, des monceaux d'échantillons de tissus, de vastes tableaux avec les plans de collection et une armoire aux trésors dans laquelle les membres de l'équipe qui font le tour du monde en quête d'inspiration amassent des vêtements « vintage » ou ethniques. Qui seront forcément réinterprétés. La différence, c'est que tout ici est bien plus rangé, esprit scandinave et organisation rigoureuse obligent. Sur cette sage ruche règne l'impressionnante Margarita Von Den Bosh, une forte femme que l'on imagine plus en gouvernante à poigne dans les histoires de la comtesse de Ségur qu'en gourou du style. Et pourtant... c'est en partie à elle que l'on doit le tournant d'H&M vers la tendance au début des années 1980.

Jusque-là la société Hennes et Mauritz était juste une marque populaire en Europe du Nord qui habillait la popu-

*Puis-je vraiment m'habiller chez Zara comme chez Prada ?*

lation à bas prix. En 1947, le fondateur Erling Persson ouvre un magasin appelé Hennes (« La sienne » en suédois) à Vasteras dans la banlieue de Stockholm. Il est rentré bluffé d'un voyage aux États-Unis où il a visité des magasins de mode à petits prix. Son credo : « Mode et qualité au meilleur prix. » En 1968, il fusionne avec les magasins Mauritz Widforss, spécialisés dans les vêtements de chasse et de pêche. H&M est né. À partir de là, Persson se met à produire des vêtements pour toute la famille et à ouvrir des boutiques dans les pays voisins et en Grande-Bretagne. Très vite, H&M a recours à la publicité et s'offre, comme on l'a vu, les partenaires les plus chics. Dès le départ, la marque suédoise maîtrise son réseau de distribution et contrôle strictement les vitrines et le contenu des boutiques. Comme chez Zara, ce qui est présenté est décidé dans les bureaux de Stockholm et les magasins appliquent à la lettre les directives. Les collections sont conçues en une fois et échelonnées selon un planning rigoureux. Les modèles arrivent par vagues dans les points de vente, à peu près toutes les semaines. Chez H&M, on parle en semaine. Semaine 1, 2, 3, 4... au fur et à mesure que l'on avance dans la saison, les choses sont plus chaudes si l'on est en hiver ou plus légères si l'on est en été. Mais elles arrivent en tout cas au même moment partout dans le monde. Comme chez Zara donc, le consommateur a l'agréable impression qu'il se passe toujours quelque chose dans les rayons. Et que si un vêtement lui plaît, il ne va pas tarder à disparaître. C'est le règne du « quand il n'y en aura plus, il n'y en aura plus ». Corollaire : « À ce prix-là, pourquoi se priver ? Quand j'en veux plus, je jette. » Bienvenue à

*La mode racontée à ceux qui la portent*

l'ère des vêtements Kleenex qui, comme des yaourts, sont appelés à se périmer. Plus encore que chez Zara d'ailleurs, car les prix sont ici bien plus bas. La qualité aussi, disent les mauvaises langues. Certes, mais qui a porté un vêtement H&M suffisamment longtemps pour tester sa rapidité d'usure ? En six semaines à peine, il a perdu ses qualités « gustatives ». D'ailleurs, Jorg Anderson, directeur de la communication de la firme suédoise, un grand blond athlétique qui comme tous les cadres du groupe a commencé vendeur avant de gravir tous les échelons, annonce la couleur : « Nos vêtements ne sont pas faits pour durer. Ma femme et moi nous les envoyons à la Croix-Rouge à la fin de chaque saison. »

L'obsession de la mode a donné quelques sueurs froides à H&M au milieu des années 1990. À force d'être branchée, la marque s'est coupée de son public traditionnel donc familial et les dirigeants du groupe ont décidé de circonscrire les modèles les plus en pointe à quelques lignes destinées aux jeunes gens à la mode... Et ça re-marche ! Dans les travées d'un magasin H&M, il y aussi bien des mères de famille venues faire de bonnes affaires que des ados biberonnés à MTV ou des trentenaires à la mode qui n'aiment rien tant que dégoter un tee-shirt ou une robe au design étonnamment branché. Si Zara offre une garantie contre la faute de goût en imitant point par point les modèles que reprend la presse à longueur de pages et en les agrémentant d'un lot non négligeable de tailleurs classiques pour femmes actives, H&M, en revanche, représente une prise de risque. Tout y est plus bordélique, moins évident. Aller dans un magasin H&M ne serait-ce qu'une

*Puis-je vraiment m'habiller chez Zara comme chez Prada ?*

heure après l'ouverture, quand les clients ont déjà mis les rayons à l'envers, demande un certain courage. Il faut avoir la force physique de se jeter dans la mêlée et un certain talent de mode pour en extirper des trésors. D'un certain point de vue, c'est un endroit pour les expertes. Car elles seules savent qu'une veste qui n'a l'air de rien, fripée et piétinée par une journée de shopping, a un petit air de Marc Jacobs. Ou que ce tee-shirt aux tons criards est en réalité une copie d'un modèle américain des années 1950 que toutes les New-Yorkaises à la mode adooooorent. Il y a chez H&M un certain kitsch que seules les plus douées peuvent transcender. Et c'est pour cela qu'il existe de véritables activistes de la chaîne suédoise... Qui savent mélanger ses modèles avec des choses plus pointues pour être vraiment branchées. Car on ne peut décidément pas s'habiller comme en Prada chez H&M. D'abord parce que les stylistes du Suédois, si doués soient-ils, travaillent très en amont et n'ont pas la force de frappe et de réaction de ceux de Zara. Et aussi parce que ce n'est pas dans le patrimoine génétique de la marque. Ce qui compte ici, c'est d'être dans l'air du temps. Pas à la traîne des grands. Même si le style fait l'objet de toutes les attentions...

### L'Américain, le basique et l'accessoire

Tout comme chez l'autre grand de cette trilatérale de la fringue pas – trop – chère : Gap. Là aussi, on est mondialisé et on soigne la forme. Mais, et c'est plus récent, on s'occupe aussi du fond. Bâtie sur une image de marque très sportswear, diffusant le *casual* américain dans le monde

*La mode racontée à ceux qui la portent*

entier, Gap s'est retrouvé fort dépourvu quand la bise Zara et le vent H&M se sont mis à souffler. Les jeans, les pantalons beiges et les tee-shirts blancs sont apparus soudain, bien ennuyeux au public. Cette véritable *world company* a beaucoup souffert. Elle s'est un peu cherchée avant de trouver la voie médiane entre le basique impeccable et la mode séduisante. C'est ainsi que chaque saison les folles de mode sont sûres de trouver chez Gap quelques pièces justes et certainement pas honteuses à arborer en société comme l'impeccable caban bleu marine ou les écharpes rayées de l'hiver dernier qui sont devenues de véritables collectors. Car ils se sont littéralement envolés des boutiques dans le monde entier. Au siège, dans un immeuble de verre qui domine la baie de San Francisco, on a mis aux commandes une équipe de jeunes stylistes parmi lesquels on trouve Emma Hill, qui a longtemps dessiné les accessoires de Marc Jacobs, parmi les plus désirables du secteur. Dont ces fameuses ballerines Marc Jacobs dont parlent les vendeuses de chez Zara. Ici aussi, comme dans le luxe, on s'est aperçu que l'accessoire, c'est l'essentiel.

Un des autres aspects du succès de Gap et d'H&M c'est la tête des vendeurs. Chez le Suédois comme chez l'Américain, on soigne le casting et on s'efforce de recruter un échantillon représentatif de la population « jeunes ». Beurettes et blacks, garçons sportifs et minettes provocantes, gays surlookés et blondes BCBG, il y en a, si l'on peut s'exprimer ainsi, pour tous les goûts afin que le public puisse s'identifier. C'est dans la répartition géographique que les choses « s'affinent ». Plus de blondes BCBG et de garçons sportifs dans le XVI<sup>e</sup> arrondissement, plus de beu-

*Puis-je vraiment m'habiller chez Zara comme chez Prada ?*

rettes et de blacks aux Halles, plus de gays surlookés dans les rues très « fashion ». Accessoirement, on promeut aussi un modèle d'intégration puisqu'il n'est pas rare que, dans un cas comme dans l'autre, le simple vendeur puisse grimper les échelons et se retrouver « manager ». C'est excellentissime pour l'image quand un responsable s'avance et qu'il ne ressemble pas à un étudiant sage d'école de commerce. Chez Zara, en revanche, on cherche des « physiques » passepartout qui puissent se fondre dans les uniformes noirs.

Gap, H&M et Zara constituent donc désormais le trio de tête de la mode mondiale pas chère. Ils ont donné des idées à des tas d'autres chaînes qui se sont toutes engouffrées dans le secteur de la mode. Comme Zara, elles ont imité. Comme H&M, elles ont pris des risques stylistiques. Comme Gap, elles ont soigné leur offre. Mais aucun des challengers n'a pour l'instant réussi. En France, Etam a ouvert sa Cité de la Femme, rue de Rivoli, en soignant le style mais son chiffre d'affaires reste tout de même cinq fois moindre que celui d'H&M et trois fois plus bas que celui de Zara. Outre-Manche, les petites Anglaises « dévalisent » Top Shop, une chaîne traditionnellement pas ruineuse où la qualité n'est pas toujours... top. Mais comme les grands, Top Shop a soigné son image avec de jolies publicités placées dans les journaux de mode, et n'a pas négligé son style : elle a carrément demandé à quelques-uns des créateurs les plus en vogue de la scène londonienne, comme Hussein Chalayan et Sophia Kokosalaki, de créer des mini-collections qui font se pâmer les branchées. Aux États-Unis, où l'on a la science de la chaîne, les malins se fournissent chez Nine West, le copieur le plus décomplexé

*La mode racontée à ceux qui la portent*

du monde libre. Qui « pompe », « pompe », « pompe »...
C'est à s'y méprendre. Chez Sonia Rykiel, par exemple, on
a connu une mésaventure bien significative au moment du
succès du sac Domino. Une cliente arrive un jour dans la
boutique du boulevard Saint-Germain avec un modèle noir
clouté argent et demande à le changer. Elle a suffisamment
d'élégance et de culot pour qu'aucune des vendeuses ne
songe à examiner le sac sous toutes ses coutures. Avec une
exquise politesse, elles procèdent à l'échange. Ce n'est
qu'après coup qu'elles s'aperçoivent que l'objet vient de
chez Nine West... La malhonnêteté n'a pas de limites. Mais
c'est bien la preuve que préférer la copie à l'original ne fait
plus honte.

### La mauvaise passe du Sentier

C'est un fait, Gap, Zara et H&M sont passés maîtres
dans l'art de l'emballage. Ils ne sont pas perçus comme
d'odieux copieurs, de malhonnêtes contrefacteurs. Et leurs
produits n'ont pas le caractère de vulgaires copies. Avec
leurs boutiques parfaites situées dans les quartiers de shopping et leurs publicités qui singent en tout point les codes
des marques de luxe, ils ont définitivement démodé le
Sentier et sa culture de confectionneur, qui a pourtant
toujours copié la mode des grands à vitesse grand V et
inventé, avant Zara, le circuit court, cette habitude de tout
faire fabriquer sur place, à la maison... voire dans la cave
de la maison. À l'époque où le Sentier régnait, il a été mis
au banc des accusés par les couturiers. Dans les premiers
temps des retransmissions télévisées de défilés et d'Internet,

*Puis-je vraiment m'habiller chez Zara comme chez Prada ?*

beaucoup de maisons ont freiné des quatre fers par peur de la copie. Car le Sentier, cette quasi-peste, faisait peur. Puis tout le monde s'est laissé convaincre quand l'édition américaine de *Vogue* a lancé son site, Style.com, qui met en ligne les images des podiums dans les minutes qui suivent la fin du show. Pourtant cela n'a en rien réhabilité le Sentier qui décidément n'a pas su négocier le virage des années 1990, celui de l'image. Ce qui lui a manqué, c'est sans aucun doute le sens de la communication et de la mise en scène.

Quand H&M est accusé de faire travailler des enfants dans ses usines asiatiques, la firme suédoise ouvre immédiatement les portes de ses ateliers, fait son mea culpa public, signe une charte, prend des engagements très médiatisés et crée une fondation qui s'occupe de la scolarisation des enfants. Elle obtient même quelques années plus tard le label de l'Unicef et ne se prive pas de le faire savoir. Les grandes affaires d'escroquerie des années 1990 et les multiples révélations sur les conditions de travail, proches de celles du tiers-monde, dans ce quartier du Sentier situé en plein cœur de Paris ont évidemment été une puissante contre-publicité. Et le succès de *La vérité, si je mens* 1 et 2 n'y a rien fait.

En matière de mode et de style, Zara et ses collègues ont évidemment pris plusieurs longueurs d'avance. Avec leurs bureaux de style pléthoriques branchés sur Internet et fréquentant les plus belles boutiques, ils présentent une mode qui n'a rien de *cheap*. En plus, pour quelques euros de plus, ils parviennent comme Gap à proposer des matières nobles comme le cuir ou le cachemire. Les échop-

*La mode racontée à ceux qui la portent*

pes bordéliques des rues affreusement embouteillées du IIIᵉ arrondissement ne peuvent pas lutter contre de luxueux mégastores où l'on trouve des brassières pour bébé en cachemire et des jeans bien coupés. Et ne parlons pas de Tati qui a sans doute précipité sa perte en gardant obstinément ses allures de bazar bon marché de piètre qualité.

Dans la foulée du Sentier, toute la génération des marques françaises des années 1980 qui ont, en leur temps, révolutionné la mode pas chère a beaucoup souffert de la tornade Zara & Co. Naf Naf, Kookaï et Morgan, entre autres, peinent à trouver leur second souffle. À l'époque où Zara et H&M montent en puissance, ils apparaissent moins malins en termes de look, ils suivent moins bien les tendances qu'au début et leurs boutiques, souvent confiées à des franchisés, perdent la face. Quand on est au fond d'un centre commercial, avec des portants bringuebalants et les visuels d'une vieille campagne de pub qui jaunissent en vitrine, on perd évidemment de sa séduction. Chez H&M, même quand les rayons ont l'air d'avoir été dévastés par une tornade, on n'a pas l'impression qu'un seul grain de poussière se soit posé sur les vêtements. Autre problème . comment espérer amuser encore les consommateurs avec des jeux de mots sur les « kookaiettes » ou le « grand méchant look » quand, en face, l'actrice latino Salma Hayek s'alanguit sur le sable devant l'objectif de Mario Testino ? Trop bien habitué, le public est devenu plus snob et plus exigeant. Il lui faut du chic, du léché, des pointures.

Et la riposte est en train de se mettre en place. Les trois mousquetaires du pas cher français investissent pour se remettre en selle. Leurs boutiques deviennent rutilantes,

*Puis-je vraiment m'habiller chez Zara comme chez Prada ?*

leur style se fait plus mode, la pub suit. L'exemple le plus frappant est sans doute celui de Kookai, qui est passé dans le giron du groupe Vivarte. Comme on l'a vu, la marque s'est adjoint les services du photographe Peter Lindbergh pour ses publicités. Elle s'est aussi constitué une équipe de style avec quelques pointures venues de jolies marques et même une styliste très en vue comme consultante... Même si elle ne tient pas à ce que ça se sache.

## Le chic et le *cheap*

Il y a donc de fortes chances pour que les expertes repérées dans les travées de chez Zara, H&M et Gap mettent Kookai sur leur agenda. Et qu'elles incluent dans leur garde-robe à la mode quelques jolis pulls Kookai à mélanger avec leurs très chères chaussures Prada ou un pantalon Balenciaga, censé faire, selon la presse américaine « le plus beau derrière du monde ». Le public de la mode, même celui qui a les moyens, est devenu zappeur. Et aussi plus malin. Le snobisme qui consiste à ne se vêtir que griffé a disparu et désormais, la bonne attitude consiste à faire son choix... Ce qui est tellement à la mode que c'en est presque démodé s'achète « pas cher ». Ce qui est exceptionnel et vraiment créatif s'acquiert chez les grands. Sac griffé plus tee-shirt H&M : c'est la panoplie d'aujourd'hui. Les journaux de mode l'ont bien compris, qui proposent à la fois de belles pages de mode avec les grands et des rubriques plus ludiques avec les petits où l'on propose ni plus ni moins que de s'habiller comme sur le podium... à moindre coût. Entre le *cheap* et le chic, l'aller-retour est permanent

*La mode racontée à ceux qui la portent*

et totalement décomplexé. Normal, la « copie » selon Zara n'a strictement rien à voir avec celle qui prévaut sur les marchés asiatiques ou italiens. Les faux sacs Vuitton et les montres Rolex contrefaites sont grossières et hors la loi.

Il semble bien que, désormais, le luxe et la grande distribution se partagent le même public. On dit bien « partage ». Car il est évident que la généralisation des chaînes pointues comme Zara a donné des envies de mode aux clients. Ils ont fini par identifier les marques « copiées » et par en avoir envie. Pousser la porte d'une boutique Marni pour aller observer de près ce que l'on a vu chez Zara ne fait plus peur. Décider de craquer ne se fait que si cela en vaut vraiment la peine. Tous les pros le disent : le public est devenu connaisseur et exigeant. Mieux habillé aussi. Dans le même temps, il a acquis une attitude décomplexée par rapport à la mode. La révérence devant un créateur, l'achat-investissement un peu solennel tend à disparaître au profit d'un comportement presque hédoniste. À force de faire du shopping dans des boutiques où les vêtements sont considérés comme des Kleenex, les gens ont envie de fantaisie, de plaisir... La griffe, le mythe qui y est associé, l'imaginaire qu'elle développe, le côté patrimonial ne suffit plus à convaincre. Pour la mode, la partie est donc à la fois plus facile à jouer car l'envie de froufrou est très présente mais en même temps plus ardue car la demande est devenue plus pointilleuse.

### L'effet Tati Or

Malgré tout, le secteur du luxe et les créateurs font mine d'ignorer le phénomène de Zara et des autres. Le

*Puis-je vraiment m'habiller chez Zara comme chez Prada ?*

message c'est : nous ne boxons pas dans la même catégorie ! Ils ignorent ce que beaucoup appellent « l'effet Tati Or ». Au milieu des années 1990, Tati, qui était encore en pleine forme, a ouvert rue de la Paix – sous les fenêtres des joailliers de la place Vendôme. On a soit beaucoup ri soit pas mal pesté. Le chic du lieu allait forcément souffrir de l'intrusion de ces « gueux ». Ce n'est évidemment pas ce qui s'est passé... Les clients de Tati Or mais aussi des « Manège à Bijoux » installés dans les centres Leclerc et autres bijouteries de grands magasins ont pris goût aux métaux précieux et aux carats. Ils ont eu envie de plus... Ils ont commencé à aller voir plus haut. Et on a vu arriver place Vendôme un public nouveau qui n'avait pas les moyens de s'offrir des parures somptueuses mais était tout à fait prêt à craquer pour une bague de fiançailles à 5 000 francs (750 euros). Ce prix est d'ailleurs encore aujourd'hui considéré comme le seuil psychologique pour entrer dans la place. Dans le même mouvement, des femmes seules qui gagnent bien leur vie n'attendent plus un homme pour acquérir un joyau. De dédramatisation en démocratisation, les joailliers se sont donc mis à sortir des collections et à développer leurs produits d'entrée de gamme. Les grands qui feignent encore d'ignorer « l'effet Tati Or » de la mode sont donc un brin hypocrites.

Quand on fait remarquer à Bernard Arnault, le tycoon du luxe, qu'il y a à peine cinq minutes de marche entre l'avenue Montaigne et le magasin Zara des Champs-Élysées, il répond avec son inimitable sourire d'étudiant sérieux : « La vie, aujourd'hui, est comme ça. On peut aller dîner un soir chez *Taillevent* et aller le lendemain chez

*La mode racontée à ceux qui la portent*

McDonald's. » Il a mille fois raison : c'est précisément ce qui a fait la fortune du luxe dans les années 1990. Et celle de Zara et consorts dans le même temps. Mais il ajoute : « Pourtant, les deux choses ne sont pas de la même nature. Quand on a les moyens d'avoir un Picasso original sur son mur, on n'achète pas une copie. » Certes, mais le vrai-faux dans la mode est devenu si amusant...

# 9

# Est-ce que Zara emploie des espions ?
## Ou
La rapidité des « copieurs »

La scène se déroule au parc de Saint-Cloud à Paris, à la lisière du bois de Boulogne, dans la douceur d'un soir de septembre. Dans le genre élégant, l'événement fournit aux invités leur content de « luxe, calme et volupté ». La maison Louis Vuitton donne son traditionnel rallye automobile, la « Louis Vuitton Classic », et elle a réuni tout ce que Paris compte de gens de mode... journalistes, stylistes, hommes et femmes de pouvoir, attachées de presse en tout genre. Pourtant, il y a dans l'air une certaine nervosité, une angoisse contenue mais palpable. Le 11 septembre est tout proche, et chacun sait que plus rien ne sera jamais comme avant. À cet instant, à cet endroit précis, un autre séisme est en train de se produire mais personne ne s'en rend compte. Personne n'en ressent les secousses. Il suffirait pourtant d'ouvrir l'œil. Dans l'assistance, une bonne dizaine de filles portent le même chemisier noir aux manches bouffantes smockées, découvrant gracieusement leurs

205

*La mode racontée à ceux qui la portent*

épaules. Il suffirait pourtant de leur en faire compliment. La plupart répondraient avec une moue ravie : « C'est Zara, évidemment. » Comment ça évidemment ?

La blouse en question est la copie conforme de celle qui a tenu la vedette près de six mois plus tôt dans les jardins du musée Rodin. Ce jour-là, Tom Ford présentait sa deuxième collection Yves Saint Laurent Rive Gauche, dans un grand cube noir à la lumière violet sombre, devenu la signature des shows YSL. La saison précédente, ses débuts avaient fait s'indigner la plupart des observateurs, traditionnellement grands admirateurs de M. Saint Laurent. Alors que l'on avait crié au scandale et à la trahison, cette collection-là suscite les louanges. On y voit des créatures aux yeux charbonneux qui magnifient une allure de Gitane, en grands jupons de velours et bottes de cuir gras. La fameuse blouse, inspirée de celle que portaient autrefois les paysannes russes ou roumaines, semble glisser sur le corps des filles. Dès le premier passage, l'assistance en est certaine, on tient là un futur « hit ». Une pièce phare de l'hiver à venir. Tom Ford le sait, qui la mettra en vedette de la campagne de publicité qu'il « shoote » dans la foulée.

Une fois de plus, Tom Ford a raison : cette blouse-là, tout le monde l'a repérée. Absolument tout le monde... Surtout les très malins stylistes de chez Zara qui s'empressent d'en livrer une version en viscose qui inonde vite les boutiques de l'enseigne. Au moment même, voire légèrement après, la vraie blouse, celle qui porte l'étiquette Yves Saint Laurent Rive Gauche et flirte avec les 350 euros, arrive dans les vraies boutiques, celles qui affichent l'enseigne Yves Saint Laurent Rive Gauche. Toutes les amatrices

*Est-ce que Zara emploie des espions ?*

de mode se ruent sur ce modèle qui fait le port de tête gracieux. La version originale, assure-t-on chez Saint Laurent, fait l'objet d'une liste d'attente. Dans les pages people des journaux, les mannequins vedettes Claudia Schiffer ou Stephanie Seymour sourient dans leur blouse paysanne, YSL évidemment. Mais la plupart de celles qui aiment la mode préfèrent tout de même l'acheter chez Zara... Car elles savent que la saison a démarré tôt et qu'elle proposera sans doute mille autres tentations coûteuses. Très vite, les vendeuses de chez Zara passent leurs journées à répondre « nous n'en avons plus » à des clientes en déshérence. Le stock est en rupture. Certaines femmes passent tous les jours en espérant un arrivage de blouses providentiel. Certaines, paraît-il, vont même jusqu'à demander si « la blouse Saint Laurent est arrivée ». En l'espace de quelques semaines, des tas d'autres enseignes offrent une version plus ou moins réussie de la blouse roumaine. Dans les rues, les soirées, les restaurants, tout le monde en porte. Des vraies et plus souvent des fausses. Tom Ford avait mille fois raison : c'est le modèle du moment ! Le raz de marée est tel que, bientôt, cette blouse suscitera un haut-le-cœur chez tous ceux qui l'aperçoivent. Ils l'ont trop vue... Pourtant, on n'avait jamais connu ça. Jamais observé une telle rapidité de réaction, une telle concordance entre le podium et la rue. Ce n'est plus du circuit court, c'est du circuit fulgurant. Le système de récupération et de recyclage des tendances a atteint là son apogée. Les « copieurs », exceptionnellement, sont allés aussi vite, si ce n'est plus, que les « copiés ». C'est un tremblement de terre ou on ne s'y connaît pas ! Que la mode des grands soit copiée par les

*La mode racontée à ceux qui la portent*

« petits » n'est pas nouveau en soi. Ce qui est inédit, c'est qu'elle le soit aussi fidèlement et dans de telles proportions.

**Espions ou pas espions ?**

Comment cela est-il possible ? Évidemment, l'hypothèse de l'espionnage industriel s'impose tout de suite. On imagine des 007 bien sapés s'introduisant la nuit dans les studios de la maison Saint Laurent. Se faufilant dans le bureau de Tom Ford et fouillant sur sa table dépouillée, où les crayons et le bloc de papier ne doivent pas bouger d'un millimètre de la place qui leur a été impartie, sous peine de perturber le maître. On fantasme des vols de blouses, ramenées sous le manteau à La Corogne et refaites à l'identique dans les ateliers galiciens. On se souvient aussi que certains vétérans du milieu racontent une époque où les rédactrices de mode arrondissaient leurs fins de mois en refilant dans le Sentier les modèles de leurs shoppings et les rendaient totalement démontées, littéralement en pièces détachées, aux services de presse. Mais aujourd'hui, disent à l'unisson tous les observateurs, les imitateurs n'ont même plus besoin de ça. Il leur suffit d'être à l'affût. Et de suivre les informations. Les défilés aujourd'hui sont suffisamment médiatisés pour que personne n'ignore à l'avance de quoi sera faite la prochaine saison.

Les espions, s'il y en a, ce sont par exemple les photographes qui couvrent les collections. Ces forçats de la mode assurent jusqu'à dix shows par jour à New York, Paris, Londres et Milan. Chargés de leur barda, appareils et objectifs, souvent munis de petits escabeaux pour pou-

*Est-ce que Zara emploie des espions ?*

voir se hisser au-dessus du podium, ils parcourent en quelques jours des dizaines de kilomètres, courant d'un lieu à un autre, pour se faire une place dans le véritable mur de photographes. Leur vie est proprement dingue. Mais ils sont les pivots d'un système qui a fait de la médiatisation un passage obligé. Leurs photos revendues par des agences constituent, pour les maisons, la toute première des publicités. Mais il arrive aussi qu'ils les revendent en sous-main à des industriels de la fringue pas chère. Il y a beaucoup de suspicion, encore peu de preuves et de très rares exemples de pros pris la main dans le sac... Il se dit aussi que certaines rédactrices qui ont accès les premières aux modèles des grands, puisqu'elles préparent très en avance leurs photos, continuent de faire passer quelques modèles à des industriels. Mais c'est de moins en moins facile car les vêtements tournent à vitesse grand V au sein des rédactions. Il n'est pas rare qu'une robe très demandée fasse plusieurs fois le tour du monde en une saison. Les services de presse établissent des plannings d'enfer pour leurs modèles. Ambiance tour de contrôle : telle robe est à Paris dans un palace parisien pour un « shooting » avec une actrice, il la faudra dans moins de deux jours dans un studio newyorkais pour la couverture d'un magazine prestigieux. Certains racontent même que le *Vogue* américain peut affréter des avions spéciaux pour déposer en plein milieu du désert quelques modèles coûteux juste le temps de deux ou trois photos... C'est dire.

Il n'est donc pas utile de prendre des risques démesurés pour espionner les grands. Il suffit la plupart du temps de regarder la télévision, les émissions de Marie-Christiane

209

*La mode racontée à ceux qui la portent*

Marek et des dizaines d'autres animateurs qui se sont fait ces dernières années une spécialité de retransmettre les événements de mode. Il suffit aussi de s'approvisionner en journaux divers et variés puisqu'ils couvrent avec une grande précision les semaines de défilés et donnent le ton, avec photos à l'appui, des tendances à venir. Mais ce qui a le plus changé la face de la mode, c'est Internet. Dès le milieu des années 1990, des sites consacrés à la mode voient le jour. Le journal *Elle* français est le premier à créer le sien et à tenter de mettre en ligne des images de défilés... Mais les maisons traînent les pieds. Elles ont peur de ce nouveau média, qu'elles ne contrôlent pas. On agite le spectre de la copie. On dépeint les gens du Sentier, le couteau entre les dents, tapis au coin du web, prêts à inonder le marché de viles contrefaçons. Les marques lancent leurs propres sites. Jusqu'à ce que l'édition américaine de *Vogue* associé au magazine américain *W*, un autre titre phare du papier glacé, émanation du quotidien *Women's Wear Daily*, la bible du secteur, lancent le fameux Style.com. Avec ce site, c'en est terminé des réticences. Ces deux revues de poids réussissent à convaincre toutes les maisons de l'importance d'être présentes sur le net. Désormais, elles font du zèle pour en être. Car aujourd'hui on ne peut pas ne pas figurer sur Style.com, sous peine de se priver d'une belle audience. À partir de là, les défilés sont donc accessibles à tout le monde, en léger différé. C'est comme si on y était. Mieux que si on y était puisque, sur place, on a peu de chances de détailler une tenue à moins d'être placée dans les deux premiers rangs, un privilège réservé aux super chefs des super journaux ou, bien sûr, aux superstars invitées. Un

*Est-ce que Zara emploie des espions ?*

styliste de chez Zara n'a donc pas à user de subterfuges pour se faufiler dans les salles des shows. Devant son ordinateur à La Corogne, il peut déjà prendre des notes.

## La valse des tendances

Ce qu'il a besoin de retranscrire, ce n'est pas tant des détails qu'une allure, un style. Une information. Si Prada dit « tweed », Gucci « néo-péplum », Vuitton « baba-chic » ou Dior « sangles sensuelles », il le repère. Il va s'attacher à dessiner des modèles plus ou moins ressemblants, qui témoignent obligatoirement des tendances de la saison. Finalement, il fait passer le message qu'élaborent les directeurs artistiques des grandes maisons, qui racontent une histoire et font défiler des thèmes, presque des panoplies. À l'image et dans les boutiques, c'est très séduisant. Il faut quatre ou cinq tendances fortes pour faire une saison. Chaque printemps, chaque automne, les nouvelles viennent balayer les anciennes. Dans une accélération infernale, les vêtements et les accessoires de luxe finissent eux aussi par flirter avec le genre Kleenex. Tous les six mois, des clientes assoiffées de neuf se ruent dans les boutiques.

Le « talent » – si l'on ose dire – des gens de Zara et d'ailleurs, c'est de repérer ce qui va être majeur. Les magazines d'ailleurs leur mâchent le boulot en publiant assez tôt les modèles phares du moment. Ceux qui reviennent souvent seront sans nul doute sur les portants et dans les vitrines de chez Zara... « Ces gens-là sont tout sauf idiots, remarque une créatrice, qui a été beaucoup "pompée". Ils se concentrent sur les modèles qui sont photographiés dans

*La mode racontée à ceux qui la portent*

la presse et ceux qui apparaissent dans les publicités car les gens les voient. Ils ne prennent pas de risque : ils veulent sortir des choses que les consommateurs identifient. »

Ceux qui pratiquent le circuit court sont aussi grandement « aidés » par le fait que les maisons livrent de plus en plus tôt leurs boutiques. Dès que la collection arrive, il suffit d'aller faire du shopping comme si on était un client lambda et de s'inspirer des modèles, les vrais. Quand on sait que les vêtements d'hiver sont en boutique dès le mois de juillet, on peut être certain que Zara en donnera sa version dès le mois d'octobre. Dans les boutiques chics, les vendeuses s'amusent de ces clients qui demandent des notes de frais pour chacun de leurs achats. Impossible de savoir s'ils viennent ou non de chez Zara mais ce sont à coup sûr des pros qui se servent de leurs « achats » dans leur boulot.

Si Zara et quelques autres vont à toute vitesse, la plupart ont un temps de réaction moins rapide. Ils copient la saison d'après, quand ils ont repéré ce qui a marché. Certains vêtements de créateurs ont donc des durées de vie étonnamment longues. Ainsi le treillis Balenciaga avec des sangles est apparu sur le podium dans la collection d'été 2002 mais ses succédanés ont commencé à prendre d'assaut les boutiques l'hiver d'après pour être partout l'été suivant. De même les rayures façon salopette Osh Kosh faisaient partie de la collection de l'été 2001 et ont mis plus de six mois à se diffuser. Quant au sac Lariat de Balenciaga, on l'a dit, on lui a tout piqué : son cuir vieilli, ses petites anses, ses liens, ses clous, ses détails de cuir tressé. Nicolas Ghesquière, le directeur artistique de la maison, est d'ailleurs considéré à juste titre comme un avant-gardiste dont les

*Est-ce que Zara emploie des espions ?*

idées irriguent la mode du haut en bas de l'échelle. On voit du « façon Balenciaga » sur les podiums des grands et dans les boutiques des petits. L'autre grand « copié » de ces dernières années est Marc Jacobs, dont les modèles sous sa propre marque et chez Louis Vuitton font des petits chaque saison. Les stars l'adorent, les mannequins aussi et les journaux photographient ses créations à tour de bras. Les copieurs l'ont donc à l'œil. Sa veste militaire à gros boutons, pour ne citer qu'elle, est depuis trois saisons reprise inlassablement par Zara, mais aussi dans sa propre marque. On peut dire qu'il a créé un classique. Quant à ses fameuses ballerines qui plaisent tant aux vendeuses du géant espagnol, elles ont un nombre incalculable d'ersatz. De fait, Ghesquière et Jacobs sont des leaders de la mode dont l'influence se mesure aussi dans les rayons de chez Zara.

**Une mode facile à imiter**

Pour les mauvaises langues comme pour les gens tout simplement réalistes, il semble que les grands de la mode tendent le bâton pour se faire battre. S'ils sont tant imités ce serait parce qu'ils sont faciles à imiter. Tout est tellement médiatique qu'il n'y aurait qu'à « se servir ». Est-ce un hasard si le phénoménal succès de Zara, H&M et les autres s'est fait en même temps que le développement du secteur du luxe ? Pour certains, les deux phénomènes sont liés. Intimement. Inévitablement. Pas de contresens : personne n'a jamais dit que les belles griffes agissaient à dessein et qu'elles faisaient exprès d'être reprises. Cependant, les connaisseurs observent que la nature même des

*La mode racontée à ceux qui la portent*

modèles proposés par les grands permet à Zara de prospérer. À les écouter, la mode serait moins créative qu'autrefois, moins recherchée, moins aventureuse, moins sophistiquée. Ce qui compte, c'est d'imposer une tendance compréhensible par le plus grand nombre. Même quand elle semble importable, elle n'est pas forcément impossible à « imiter ». Une jupe trop courte reste une jupe quand même. Et s'il y a trop de broderies ou de fioritures dans un modèle, les « copieurs » ne retiennent qu'un détail. La couleur, la longueur, l'imprimé, l'allure.

Beaucoup poussent l'analyse plus loin en mettant en avant un argument économique. Les groupes de luxe font jouer les économies d'échelle dans leurs écuries. Ils font fabriquer les collections des marques qu'ils contrôlent dans les mêmes usines et achètent parfois des matières premières similaires. Il s'agit de rationaliser la production. Du coup, ils ont tendance à favoriser des modèles simples qui ne demandent pas beaucoup d'opérations. Les pièces fortes, disent de nombreux spécialistes, restent spécifiques à chaque marque parce que c'est primordial pour l'image mais il n'est pas rare que, d'une griffe à l'autre, les pièces plus commerciales aient un air de famille. Tout le monde a des exemples à citer. Les formes des chaussures, par exemple sont très similaires entre Gucci et Sergio Rossi. Le second fabriquant depuis la constitution du groupe Gucci les souliers du premier ainsi que ceux de Yves Saint Laurent. Les ateliers Gucci sont mis à contribution pour les sacs Saint Laurent : ce sont eux qui ont fabriqué le Mombassa. Alors, dit-on, la « main » de l'un, sa façon, son style, se retrouve chez l'autre. « L'avenue Montaigne imite l'avenue Montai-

*Est-ce que Zara emploie des espions ?*

gne », entend-on souvent. Surtout dans le domaine des accessoires : le « Porté-main » de Dior, la forme « Bowling » de Prada ou le « Papillon » de Vuitton sont des sacs qui ont fait des émules... et pas que chez Zara. Les grands aussi s'alignent sur les tendances du marché et répondent aux attentes des consommateurs. Quel rapport cela a-t-il avec le fait que tous les autres copient l'avenue Montaigne ? Tous les rapports, avancent nos fameux informateurs. Cela veut dire que l'avenue Montaigne a rationalisé ses méthodes, qu'elle les a simplifiées. Et qu'elle est devenue plus facile à imiter. CQFD. Le débat est ouvert...

Ce qui est certain, c'est que, dans la mode, il arrive souvent que l'on ait les mêmes idées au même moment. Chaque saison, d'un podium à l'autre, il y a parfois de troublantes similitudes. Ainsi, pour l'hiver 2002, deux personnalités aussi fortes que Nicolas Ghesquière et Helmut Lang ont chacun « commis » un manteau de laine façon yeti. L'été suivant, des maisons aussi dissemblables que Balenciaga, Prada, Chanel et Vuitton lançaient à quelques jours d'intervalle des collections d'inspiration « surf » avec pièces maîtresses en néoprène. Est-ce à dire que Nicolas Ghesquière, Miuccia Prada, Karl Lagerfeld et Marc Jacobs se sont concertés ? Non, évidemment. Quand les choses sont dans l'air, tout le monde les saisit. Et comme tout le monde respire le même air et partage une culture et des valeurs communes...

Car la mode est un milieu, une tribu où les gens se connaissent tous. Ils se sont croisés dans des fêtes, ont fréquenté les mêmes écoles de style, sont passés par les mêmes studios, ont des amis ou des collaborateurs communs. Ils

*La mode racontée à ceux qui la portent*

fréquentent les mêmes endroits, lisent les mêmes journaux, voient les mêmes films, visitent les mêmes expositions. On dîne ensemble après les essayages, on se croise dans les défilés de New York ou Milan, on collabore sur une publicité, on se retrouve sur une plage de Goa dans un hôtel plébiscité par les magazines chics. Il n'est pas rare qu'un photographe en villégiature avec sa fiancée mannequin croise une rédactrice avec qui ils ont travaillé alors que le directeur artistique d'une grande maison débarque avec ses meilleurs copains, coiffeurs et maquilleurs. Pour le commun des mortels, évidemment, ce genre de « carambolage » entre vie privée et vie publique est angoissant. Qui a envie de retrouver ses collègues de travail au bout du monde ? Personne, sauf les gens de mode qui vivent sur une toute petite planète. Et adorent ça. Pourtant, ces façons de vivre entre soi ne sont pas propres à l'univers du chiffon. Dans le Lubéron quand vient l'été, les politiques et les gens de lettres finissent tous par partager des parties de pétanque...

**Fripe chic**

À force de baigner dans la même eau, il n'est donc pas étonnant que les créateurs finissent par nager de la même façon. Au premier rang des endroits dans lesquels ils s'immergent, il y a les boutiques « vintage ». En français, les friperies. Chics. En quelques années, elles sont devenues de véritables sources d'inspiration pour les directeurs artistiques et leurs équipes, à qui l'on demande de créer toujours plus de nouveautés. Pour nourrir les collections, les pré-collections, la diversification en tout genre, le passé est une mine. Dont on

*Est-ce que Zara emploie des espions ?*

extrait des pépites qu'il faudra juste mettre au goût du jour. Chez *Decade* à Los Angeles ou *Resurrection* à New York, il n'est pas rare que John Galliano croise Marc Jacobs ou même les équipes de chez H&M et que les assistants des uns et des autres soient au coude à coude. La patronne de *Resurrection*, Katie Rodriguez, est devenue presque aussi star que les directeurs artistiques qu'elle approvisionne. Tout comme Didier Ludot ou Anouschka, « fripiers » de luxe à Paris. Mais le plus phénoménal est sans doute Cameron Silver, propriétaire de *Decade*, qui a été classé en 2002 dans la liste des vingt-cinq personnes les plus influentes de la mode par le magazine *Time*. Au même titre que Yves Carcelle, patron de la division mode et maroquinerie de LVMH, Karl Lagerfeld, Tom Ford ou Anna Wintour... Le grand mérite de Silver, c'est d'avoir du nez. Il sait dénicher des vêtements anciens qui vont nourrir les faiseurs d'aujourd'hui. Il avoue vendre plus de 60 % de son fonds à des créateurs, qui sont, selon lui, devenus « des hyper-stylistes » c'est-à-dire des gens passés maîtres dans l'art d'emprunter... au passé. C'est chez *Decade* qu'un collaborateur de Nicolas Ghesquière a trouvé une veste à patchwork de Kaisik Wong, styliste californien mort du sida en 1980. Elle a inspiré quelques modèles dans la collection de l'été 2002. Quelques semaines après, un journaliste du site Internet du *New York Times* reconnaît la source et accuse Ghesquière de plagiat. Mini-scandale dans les gazettes de mode ! Nicolas, le héros, est sur la sellette. Il plaide coupable. « J'ai péché par manque de culture, dit-il. Je ne connaissais pas Kaisik Wong et j'ai repris l'idée sans le citer. Ce n'est pas dans mes habitudes, j'avoue toujours mes références, comme quand j'ai retravaillé l'allure du Hollandais Koos Van der

*La mode racontée à ceux qui la portent*

Aker ou de l'Anglaise Zandra Rohdes. » L'honnêteté de Ghesquière rend plus assourdissant le silence des autres...

En tout cas, dans les grandes maisons comme chez H&M, il y a des armoires entières de vêtements anciens et de chaussures millésimées. Ces merveilles, parfois coûteuses, parfois pas, que les uns et les autres rapportent au gré de leurs voyages constituent des trésors de guerre dans lesquels on puise au moment des collections. Une robe années 1930 peut être reproportionnée, un panier balinais réinterprété en version luxe... Beaucoup disent qu'il s'agit d'étudier des coupes et des techniques qui se sont perdues. Beaucoup se contentent de faire du copier-coller entre hier et aujourd'hui. Aux États-Unis, d'aucuns ont même fait profession de l'acquisition de vintage. Certains n'achètent que des vêtements de l'armée pour le compte des marques juniors, d'autres de jolis sacs et des bijoux anciens pour les grandes maisons parisiennes. Mais ils sont tenus à la plus grande discrétion... Ils se contentent juste de passer de temps en temps apporter leur butin et récolter leur salaire.

Pour comprendre le processus, arrêtons-nous un instant chez Ungaro, avenue Montaigne, où, dans un coin du studio, s'entassent des vêtements anciens chinés un peu partout. Un châle argentin acheté aux puces voisine avec une tunique marocaine trouvée chez un antiquaire napolitain. Ce jour-là, le directeur artistique, Giambatista Valli, beau brun romain au physique de mauvais garçon façon maffioso de film de genre, travaille la collection d'accessoires. À la différence des vêtements, qu'il dessine lui-même, il ne fait pas de croquis de sacs ou de chaussures. Il réunit son équipe devant une impressionnante collection de

*Est-ce que Zara emploie des espions ?*

chaussures anciennes, la plupart estampillées « Charles Jourdan » de la grande époque, – les années 1970. Devant son équipe, crayon et carnet en main, il brandit les paires une à une et explique ce qu'il veut. Retrouver le vernis de l'une, la cambrure du talon de l'autre, le bout rond d'une troisième. Chaque fois, il s'agit de réinventer plutôt que de refaire. « On n'a pas fait mieux ! », commente Valli. Sur la table, il y a aussi un cadenas en plastique fluo acheté pour rien sur une plage italienne. Il a demandé au staff « accessoires » (formé de stylistes et des représentants de l'usine Salvatore Ferragamo de Florence, le propriétaire d'Ungaro) de réinterpréter ces cadenas en version cuir luxe. C'est ainsi que les choses se créent...

Le passé, en tout cas, est très présent. Le milieu et les connaisseurs plébiscitent, par exemple, E2, la griffe fondée par le couple Michèle et Olivier Chatenet. Leur système : ils cherchent des vêtements anciens qu'ils ressuscitent en les transformant. Ils rebrodent, recoupent, transfigurent. Leur démarche s'inscrit dans une modernité qui aime la nostalgie. Du côté des grandes maisons, dont la majorité des créateurs ont disparu, les anniversaires se célèbrent dans un grand fracas médiatique. On réédite des modèles anciens que le public s'arrache. Chaque fois que l'on relance une griffe, on exhume avec émotion les photos du passé. Rien n'est plus chic que de mettre en avant l'âge... de sa maison. Avoir une légende est une bonne chose. En toute logique, l'attitude la plus en pointe du moment consiste à afficher sa culture et à connaître l'histoire du costume sur le bout des doigts. En entrant dans le XXI<sup>e</sup> siècle, la mode semble avoir cessé de fantasmer sur demain. Les matières

*La mode racontée à ceux qui la portent*

high-tech ne feront jamais autant rêver que le cachemire. Et le look futuriste ne plaît que s'il est emprunté à Courrèges ou à Cardin.

Mais il n'y a pas que dans l'ancien que l'on trouve des idées. Certaines personnes sont même payées pour en trouver. Ce sont des gourous de la tendance, les satellites de la mode, ils travaillent dans des « bureaux de style ». Leur job : dire de quoi demain sera fait. Ils voyagent, sortent, lisent, regardent autour d'eux et en tirent des prédictions sur notre avenir stylistique. Aimerons-nous les pois ou les rayures ? la blanquette de veau ou les sushis ? le vert ou le bleu ? Dit comme ça, c'est farfelu. En réalité, c'est plus sophistiqué. Les bureaux de style éditent des cahiers de tendances, en général deux ans à l'avance. Ils y élaborent des gammes de couleurs, d'imprimés, de formes qui donnent des directions aussi bien à des gens de mode comme H&M et autres qu'à des fabricants de cosmétiques, de voitures ou d'électroménager. Il s'agit de cerner les goûts des consommateurs pour minimiser les risques. Si les cahiers de tendances annoncent le retour de la couleur, faire du gris représente un risque commercial. On schématise mais il y a de ça. Les grandes maisons et les créateurs regardent ces pratiques avec mépris. Ils n'ont pas besoin de ça. Eux, la mode ils la dictent. Sauf peut-être quand ils s'aventurent dans des domaines où ils manquent de science, comme la maison ou l'enfant. Dans ce cas seulement, ils avouent du bout des lèvres que leurs collaborateurs ont recours aux cahiers de tendances. C'est que, lorsqu'on se diversifie, il ne faut pas se planter car il s'agit de gagner de

*Est-ce que Zara emploie des espions ?*

l'argent bien plus que de contribuer à l'histoire de la création.

En revanche, les décisions stratégiques, dans les grandes maisons, sont parfois prises après avis de bureaux de style ou de consultants en tout genre. Ils délivrent leurs lumières sur l'opportunité de lancer tel ou tel produit, de se diversifier dans tel ou tel domaine. Ils orientent les décisions en fonction de l'état de la demande et des tendances du marché. Est-il plus judicieux de créer une ligne d'optique ou une collection de lingerie ? Il se dit, par exemple, que le fait que certains bureaux de style aient prédit, il y a quelques années, « un retour au vrai », notamment au diamant, a pesé dans la décision de certains groupes de se lancer dans la joaillerie. Il est certain, en tout cas, que si tout le monde se lance, au même moment, dans la mode enfantine ou la lingerie, ce n'est pas un hasard. La décision d'y aller a été mûrement réfléchie et motivée. Et ceux qui ont aidé à la prendre ont été payés très cher...

## À la source !

Mais revenons au problème de la « copie ». La plupart du temps, elle se fait *a posteriori*. Une fois que les collections ont été rendues publiques. Mais parfois, les choses se passent aussi en amont... Promenons-nous, par exemple, dans les allées de Première Vision, le grand salon de tissus qui a lieu à Villepinte, au nord de Paris, en septembre et février de chaque année. On vient y acheter les tissus de dans un an. Dans ce hangar aux dimensions insensées, où il n'est pas rare de devoir se déplacer en voiturette de golf, Chris-

*La mode racontée à ceux qui la portent*

tian Lacroix, Dries Van Noten, Giambattista Valli de chez Ungaro, les équipes de Gucci, Prada, Dior et Vuitton croisent celles de Zara, H&M et consorts. Les premiers sont reçus à bras ouverts chez les meilleurs tisseurs ou lainiers, français ou italiens. Chez Etro, par exemple, une grande famille du textile italien, une dynastie où le flambeau se passe de génération en génération, la spécialité, c'est le tissu de luxe et surtout les imprimés. Etro a aussi créé une marque de vêtements. Ce jour-là, Iacoppo, un des fils de la tribu, beau comme un prince, reçoit avec la même élégance Dries et sa suite et Giambattista et son équipe. Mais personne ne se mélange et, chacun dans un coin, les deux créateurs font leurs choix de matières. Une fois qu'ils ont pris une option sur une étoffe, elle est mise de côté. Il n'est pas question de la présenter à une autre marque. Ce serait la pire des hérésies. Gare à celui qui trahit la confiance, il perdrait aussitôt ses clients prestigieux. Beaucoup de transactions se font après le salon, dans le secret des studios où les fournisseurs se déplacent.

Mais il n'en va pas forcément de même partout. Il arrive souvent que, avec un certain sens du commerce, on bonimente. On confie à un client hésitant : « Les Italiens m'ont pris beaucoup d'imprimés à fleurs cette saison. » On lui susurre : « Je ne le dis qu'à vous mais les gens de chez Prada ont adoré les pois. » Tout le monde s'en défend, mais ces « dérapages » sont monnaie courante. Les murs ont des oreilles. Première Vision, comme les autres structures réservées aux pros, est très sélectif. Les visiteurs, pour s'inscrire, doivent prouver qu'ils achètent chaque année une certaine quantité aux exposants. Pourtant, il arrive que certains

*Est-ce que Zara emploie des espions ?*

repartent avec des échantillons qu'ils envoient ensuite en Asie où ils seront copiés à bas prix. D'autres commandent aussi des tissus « basiques » comme le denim pour assurer cette quantité mais viennent au salon pour glaner des infos. Les tissus plus élaborés sont ensuite fabriqués ailleurs, là où c'est moins cher. Ce sont les risques du métier...

Dans les salons de cuirs, le même phénomène se produit. Chaque année, les fabricants arrivent avec de nouvelles matières qu'ils mettent en avant. Il y a fort à parier que le cuir argenté a été la vedette des salons il y a deux ans. À l'été 2003, un grand nombre de griffes, aux premiers rangs desquelles Prada et Gucci, ont proposé des chaussures argentées. Cette coïncidence peut être mise sur le compte de l'air du temps. Le doré a fait florès, l'argenté s'imposait comme la suite logique. Mais les équipes des grandes maisons ne s'offusquent pas forcément de ces similitudes : faire de l'argenté en même temps que ses concurrents, c'est l'assurance d'être dans le ton. Donc sur le devant de la scène. Les rédactrices de mode ne peuvent pas passer à côté de la tendance et font à coup sûr des photos sur le thème « argent ». Tous ceux qui en ont dans leur manche sont du coup incontournables.

Tout circule donc. Dans les usines où se fait la mode encore plus qu'ailleurs. C'est le cas notamment en Italie, où la majeure partie des belles marques font fabriquer leurs souliers, leurs sacs et leurs vêtements. Si l'Italie s'est imposée c'est que les pros apprécient ses manières... industrielles. Au-delà des Alpes, les usines sont nombreuses et redoutablement compétentes. Là où, dit-on, un Français vous dit « non », un Italien répond « oui, bien sûr ». Aux Italiens,

*La mode racontée à ceux qui la portent*

il est possible de tout demander, même l'impossible. Leur souplesse les a propulsés au premier rang, d'autant qu'ils offrent une qualité qui sied au luxe à des prix raisonnables. Pourtant, les mœurs qui règnent dans beaucoup de fabriques transalpines ont de quoi surprendre.

Écoutons par exemple la nouvelle vague des chausseurs français, les Bruno Frisoni, Alain Tondonski, Michel Vivien et les autres. Ils se sont convertis en bloc aux vertus du « made in Italy ». Ils ont tous commencé par battre la campagne à la recherche de « la » bonne usine. Celle qui ne les traite pas, eux les petits, comme la dernière roue du carrosse. Avec la centaine de paires qu'ils font fabriquer, ils ne pèsent rien face aux milliers de souliers que commandent les grands qui, en plus, paient rubis sur l'ongle. Ils passent après. C'est dangereux car ils ne peuvent pas compter sur un réseau de magasins, ils doivent se contenter de boutiques multimarques qui attendent leurs livraisons. Quand elles tardent à venir, c'est une catastrophe. Elles risquent d'être tout simplement refusées par les boutiques car la fin de la saison approche et les soldes pointent leur nez. Résultat : le jeune chausseur n'est pas payé, il ne peut pas financer sa collection suivante. C'est la galère.

**Moralisation ?**

Une fois qu'il a trouvé un fabricant de confiance, il doit faire face aux vols d'idées. Tous le racontent sourire aux lèvres car c'est finalement la contrepartie des qualités de l'Italie. Dans les usines, les armoires dans lesquelles on

*Est-ce que Zara emploie des espions ?*

entrepose les formes des chaussures (l'équivalent du « patron » pour les vêtements) sont fréquemment en libre accès... même quand elles portent la mention « interdit ». Car quand un fabricant trouve qu'un « petit » a une bonne idée, il ne se gêne pas pour en faire profiter les autres. Et c'est ainsi qu'un talon un peu spécial ou une boucle particulière peut se retrouver chez d'autres... De toute façon, il n'est pas rare que les gens de l'usine proposent à leurs clients de voir ce que font les autres. En fait, ce sont les chausseurs qui moralisent ces mœurs de voyous, sympathiques. Quand on leur ouvre les armoires, ils déclinent. Mais tout le monde, évidemment, n'a pas les mêmes scrupules. Et on « pompe » allègrement les idées des uns et des autres... Quand on ne vend pas sous le manteau les croquis et les prototypes des uns aux autres.

Certains fabricants font leur beurre en produisant des pièces qui sont des *digests* des modèles de leurs clients. Ils peuvent y apposer leur griffe ou les proposer à des chaînes de grande distribution qui n'ont plus qu'à y coller leur étiquette. Pas besoin de faire travailler un bureau de style... On murmure que les chaussures de Zara sont produites comme ça. Pas étonnant donc que l'on ait vu chez Zara, à l'été 2003, des ballerines-tongs très proches de celles de Prada ou des escarpins argentés totalement dans l'esprit Gucci. En Italie, on l'a dit, les idées circulent.

Ainsi va la mode... Ces pratiques pourtant sont appelées à disparaître. Car, encore une fois, l'outil industriel se structure. Les groupes possèdent leurs propres usines qui ne fabriquent que pour les maisons de leur écurie. Et quand elles n'en ont pas, elles rachètent. Ainsi en 2001, Prada

*La mode racontée à ceux qui la portent*

Holding a racheté deux labels de prêt-à-porter, Genny et Byblos, pour revendre immédiatement la seconde et ne garder que ses usines. Il a aussi racheté De Rigo, une entreprise de lunettes de soleil, ce qui lui a permis de lancer des lignes pour Prada, Miu Miu et consorts. Dans le langage des pros, on appelle cela racheter des « savoir-faire » et c'est une tendance de fond chez les caïds du luxe. Le groupe Gucci, dont l'activité maroquinerie est particulièrement imposante, s'est même offert récemment une tannerie et un fournisseur de peaux de python prestigieux dont on dit qu'il aurait reçu l'ordre de ne plus fournir à des maisons concurrentes. Tout le monde s'est donc mis à racheter ses fabricants et ses fournisseurs. Même si cela ne fait pas les gros titres des journaux. Car c'est évidemment moins sexy comme info que l'arrivée du Gucci Group chez Yves Saint Laurent Rive Gauche.

Il y a donc de multiples raisons pour expliquer que les idées de mode, aujourd'hui, soient reprises par tous. On est souvent à la limite du plagiat. Comment expliquer, alors, que les grandes maisons dépensent des millions d'euros dans la lutte contre la contrefaçon en provenance du tiers-monde et que les procès contre Zara et compagnie soient si peu médiatisés ? La télévision diffuse régulièrement des images spectaculaires de montagnes de fausses montres de marques écrasées par des bulldozers mais le procès définitif qui opposerait Prada, Gucci, Balenciaga, Marc Jacobs ou autres Dior à Zara n'a jamais eu lieu. Chaque année, des dizaines de touristes en provenance d'Asie se font arrêter à la douane avec des faux sacs Vuitton

*Est-ce que Zara emploie des espions ?*

dans leurs bagages, mais aucune cliente de Zara n'a jamais eu affaire à la police. Mieux, les grands se félicitent bruyamment d'être copiés. C'est la preuve qu'ils ont la cote. Ceux qui ne sont jamais passés par chez Zara auraient même du souci à se faire...

Aucun grand de la mode n'a sans doute envie de se lancer dans un bruyant procès dont les effets risquent de s'avérer désastreux pour sa si chère image. Imaginons que la presse montre une blouse Miu Miu et une blouse Zara qui ont un fort air de famille, cela ne serait pas très chic pour la suprématie créative de la maison italienne. Imaginons – encore pire ! – qu'une griffe de renom perde le procès : ce serait cataclysmique. Car, aux termes de la loi française, pour établir la contrefaçon il faut prouver la totale originalité du modèle. Ce qui n'est pas facile à établir puisque la mode joue plus que jamais l'éternel recommencement. Quel modèle aujourd'hui n'a pas un air de « déjà-vu » ?

Autre grand argument juridique : la concurrence déloyale. Pour les grands, il est difficile d'admettre au grand jour que Zara et consorts gênent leur commerce. D'autant que, on l'a vu, il semble que les clientes zappent allégrement entre le chic et le *cheap*. Les marques intermédiaires, en revanche, celles des créateurs qui commencent à acquérir une certaine notoriété comme les Françaises Vanessa Bruno et Isabel Marant, sont plus exposées. Leurs prix ne sont pas si éloignés que cela de ceux des « copieurs » et certaines consommatrices peuvent se poser légitimement la question : « Est-ce que j'achète cette blouse romantique chez Isabel Marant ou chez Zara, alors que dans un an je n'aurai sans doute plus du tout envie de dentelles ? » D'ailleurs, la

*La mode racontée à ceux qui la portent*

plupart des procès qui concernent Zara sont intentés par des marques de cette famille-là. Elles n'ont pas des années de légende derrière elles et ne bénéficient ni d'un réseau de boutiques, ni de campagnes de pub tonitruantes pour assurer leurs arrières.

Chez Zara, on admet du bout des lèvres une grosse dizaine de procès par an et bien plus encore qui sont évités. Les litiges se règlent à l'amiable avant d'arriver en justice. Quand un plagiat est constaté, il faut envoyer un huissier qui va notifier au directeur du magasin la plainte de la marque « imitée ». Le directeur a le temps d'en avertir le siège social qui propose donc le retrait de la marchandise, ce qui n'est pas très dommageable puisque, en général, dans ce laps de temps, le modèle incriminé est naturellement épuisé. Et déjà remplacé par des nouveautés... Il en va finalement de Zara comme de la presse people qui exploite la vie privée des vedettes. Si une starlette attaque le titre et obtient sa condamnation, les dommages sont atténués pour le journal qui se rattrape avec les ventes et les recettes publicitaires. Chez Zara, le calcul est un peu similaire. Tant que les boutiques sont pleines, les procès sont quasiment indolores. Ils sont compensés par les ventes. Et puis Zara a au moins autant besoin de Prada que l'inverse. Même s'il n'est pas politiquement correct de le dire.

**Dans la rue !**

Finalement, la mode n'a pas vraiment besoin d'espions. Elle vit dans un vaste système de recyclage. Tous ceux qui sont chargés de penser le style, les grands et

*Est-ce que Zara emploie des espions ?*

leurs suiveurs, regardent vers le passé mais gardent aussi un œil vissé sur le présent. Tout le monde s'inspire de tout le monde. Un créateur prend ses idées partout, dans la rue, les journaux, les clips... Il les emprunte notamment aux jeunes qu'il croise ici et là. Puis il se les fait piquer à son tour par Zara, H&M et les autres. Qui les restituent à la rue en les vendant à prix serrés. Le style est un cycle. Examinons par exemple le cas des chaussures Birkenstock. À l'origine, ce sont d'assez peu esthétiques sandales orthopédiques allemandes, dont le modèle classique « Arizona » a déjà trente ans. Elles ont d'abord été adoptées par les babas des années 1970, puis par ceux des années 1990, les jeunes fous de glisse. Puis les filles à la mode qui n'ont rien trouvé de plus amusant que de les porter avec de jolies robes les ont adoptées. Toutes seules comme des grandes ! Sans qu'aucune campagne de publicité leur ait ordonné de le faire. Après des années de branchitude élitiste, la mode s'en est emparée. Des dizaines de boutiques qui n'avaient pas l'orthopédique comme spécialité se sont mises à vendre des Birkenstock. Le très chic chausseur Christian Louboutin en a sorti une version soir strassée, pleine d'humour élégant. La maison Ungaro a fait, elle, une variation sur escarpin vertigineux. La société Birkenstock a demandé au top model Heidi Klum de dessiner une collection dont certains modèles peuvent atteindre 300 euros. Mieux, aujourd'hui, Birkenstock est aussi honteusement copiée que Gucci, Prada, Vuitton, Dior et les autres. Même par Zara. Et si la mode, finalement, appartenait à tout le monde ?

10

# Pourquoi payer si cher ?
Ou
Le retour du luxe

Jean Paul est « heureux ». Jean-Louis aussi. Ils remercient Martin. Qui leur souhaite « bonne chance ! » Tout le monde est donc très, très content... Mais personne n'a songé pour autant à ordonner des agapes ni même à organiser une conférence de presse événementielle où l'on aurait convié le ban et l'arrière-ban de la mode. Ce n'est pas l'esprit de ce printemps 2003 où le luxe, décidément, a du mal à sortir du marasme. Les effets du 11 septembre 2001, la crise économique planétaire, la chute du tourisme, la guerre en Irak, l'épidémie de SRAS... les mauvaises nouvelles succèdent aux mauvaises nouvelles et l'autocélébration est la chose la plus inconvenante du moment. C'est donc par un communiqué de presse basique qu'est faite l'annonce. Martin Margiela, mutique créateur belge dont on ne connaît ni le visage ni la voix puisqu'il n'a jamais donné d'interview ni accepté de photos en près de vingt ans de carrière, quitte la maison Hermès dont il était le

*La mode racontée à ceux qui la portent*

directeur artistique du prêt-à-porter féminin depuis 1999. Jean-Louis Dumas, le sympathique P-DG de la mythique maison du faubourg Saint-Honoré, descendant de la famille Hermès, a donc nommé Jean Paul Gaultier, longtemps considéré comme l'enfant terrible de la mode, pour le remplacer. Ces deux-là se connaissent bien car Hermès possède 34 % de la maison Gaultier. Quand ils s'étaient « mariés », quatre ans auparavant, ils avaient convoqué la presse pour célébrer, selon le mot de Jean Paul, « les noces du piqué sellier [la "spécialité" d'Hermès] et du pull marin [l'emblème de JPG] ». Jean Paul portait une cravate Hermès et Jean-Louis avait noué un pull marin sur ses épaules. On s'était bien amusé ! Un tel humour était rafraîchissant à cette époque de transferts échevelés et de rachats sauvages.

Avec l'arrivée de Jean Paul à la tête du studio Hermès, on reste dans la bienséance. Dans bien des cas, les directeurs artistiques sont virés *manu militari* quand ils ne satisfont plus leur patron et que les résultats ne sont pas à la hauteur. L'un découlant souvent de l'autre... Ici, les formes sont respectées. Si Margiela s'en va, c'est que son contrat arrive à échéance. L'annonce est d'ailleurs faite près d'un an avant, ce qui laisse à Margiela le temps de préparer sa toute dernière collection présentée en octobre 2003. Jean Paul n'entrera officiellement en fonctions que six mois plus tard. Pour les vipères de l'avenue Montaigne, ces langues bien pendues qui savent toujours tout des manœuvres de couloirs des belles maisons, l'affaire est décevante. Elle n'offre pas son lot de ragots et de révélations fracassantes. La maison Hermès, même si elle affiche cette année-là une exceptionnelle baisse de 4 % de son chiffre d'affaires, est l'une

*Pourquoi payer si cher ?*

des plus belles de la place. Elle est citée en exemple, elle qui n'a jamais cédé à la mode des pubs tonitruantes et est restée très à part de la diversification à tous crins. Ses montres élégantes et ses brassières pour bébés lui ont permis de gagner les faveurs d'un public plus large mais elles ne « sentent » pas aussi fort le marketing qu'ailleurs. Les protagonistes de la transaction eux-mêmes ne sont pas très rock'n'roll. Hermès est une maison chic et feutrée depuis toujours. Margiela est invisible. Et Gaultier en a définitivement fini avec ses frasques des années 1980... Les kilts pour hommes, Yvette Horner, les délires à la télévision anglaise en compagnie d'Antoine de Caunes et les faux seins de Madonna sont de l'histoire ancienne. Désormais, M. Jean Paul est Grand Couturier et c'est lui que Paris a couronné roi depuis le départ d'Yves Saint Laurent. Malgré sa notoriété, il a gardé des manières d'artisan et semble n'avoir aucun goût pour le développement « moderne ». Chez lui, pas de réseau de boutiques rutilant ni de lignes d'accessoires qui font marcher le tiroir-caisse... Tout ce que les vipères se contentent de siffler, c'est que la maison Hermès avait peut-être envie de « rentabiliser » la société Jean Paul Gaultier qui, justement, ne rapporte pas énormément d'argent. Ceux qui ont la tête un peu économique croient savoir que Jean-Louis Dumas, en homme d'affaires avisé, se prépare pour la reprise. Qui finira bien par avoir lieu... Alors M. Dumas fait rénover ses magasins. Il accroît aussi les capacités de production de la maison, dans le cuir notamment, et il semble espérer qu'en mars 2004, quand Jean Paul présentera sa première collection, ses imperti-

233

*La mode racontée à ceux qui la portent*

nentes idées tomberont à pic pour affoler la presse et booster les ventes.

## La fin du star-system ?

Tout cela finalement n'est pas grand-chose par rapport
aux bruits qui courent habituellement sur les grandes maisons et les superstars du style. Il y aurait des fâcheries terribles
et des colères homériques. Les frasques des jeunes loups aga-
ceraient prodigieusement les barons de la finance. Certains
seraient au bord du licenciement sec. À d'autres, on passerait
tout tant que l'argent rentre. Mais avec Jean Paul, Jean-Louis
et Martin, les « langues de pute » ne sont pas à la fête. Ce
qui est logique puisque la mode est entrée dans l'ère du *low
profile*. Les jeunes directeurs artistiques au physique d'ange-
lots, payés comme des avants-centres, ne sont plus si tendance. Alors que le milieu a adoré se ruer aux « premières »
de Galliano, Mac Queen et autres Stella McCartney, il
applaudit désormais le retour de Jil Sander chez elle. Et se
réjouit bruyamment de l'arrivée de Gaultier comme il avait
salué celle de Lacroix chez Pucci, l'année précédente. En
octobre 2002, les débuts de ce dernier dans la maison italienne s'étaient d'ailleurs déroulés dans une ambiance au
chic très calme. Les amis de Christian, ceux de toujours, le
photographe Mario Testino, le styliste Éric Bergère et le
comédien Édouard Baer avaient fait le voyage depuis Paris
et, en coulisses, Lacroix avait accueilli les uns et les autres
avec l'exquise politesse mêlée d'émotion intense qui le carac-
térise. Signe de sa bonne éducation : il avait, en hommage à
l'esprit maison, enfilé sur son costume sombre une cravate

*Pourquoi payer si cher ?*

aux imprimés Pucci. Nouveau ! Un directeur artistique, en général, c'est jeune et rebelle et ça porte des baskets sur le podium... Mais, Lacroix, le poète, a finalement prouvé qu'il n'avait rien à envier à ses jeunes et fougueux confrères. Non seulement il crée de belles collections pour Pucci mais il sait aussi « penser » des gadgets qui excitent la presse, comme le casque de moto imprimé qui a fait sensation lors de la première collection. Effet Kidman ou pas, Pucci est en tout cas revenu, sous le règne de Lacroix, sur le devant de la scène. Pas un top model, pas une fille un peu au fait des choses de la mode qui n'ait glissé (ou rêvé de glisser) un deux-pièces Pucci dans sa valise de l'été 2003.

Pourtant, les règles du jeu du luxe sont en train de bouger. Après la folle décennie qu'il vient de vivre, le secteur a la tête qui tourne. Il vacille. Il lui faut revenir à ses racines, ses « fondamentaux » comme on dit maintenant. Les nouveaux fidèles, les « consommateurs aspirationnels » qui avaient fait la fortune de la mode, sont touchés de plein fouet par la crise. Ce sont eux, et pas les très riches qui sont des clients traditionnels, que la récession atteint le plus. Ils gagnent effectivement moins d'argent que dans les années 1990. Ils ont moins le cœur à consommer griffé. Ce qui leur paraissait autrefois si nécessaire à leur bonheur leur semble désormais superflu, voire dérisoire. Comment chérir encore une paire d'escarpins à plus de 200 euros quand on a dans son entourage des gens qui vivent sous la menace d'un plan social ou que l'on est soi-même en danger ? L'atterrissage est brutal.

La plupart des marques qui avaient misé sur ce nouveau public souffrent car elles sont sensibles aux caprices

*La mode racontée à ceux qui la portent*

de la conjoncture. Ingrates, elles oublient ceux qui les ont rendues si flamboyants pour se tourner vers les riches, qui eux ont encore les moyens. Elles cherchent à redorer leur blason et font passer des messages... C'est l'extrême qualité, plutôt que le fun, qui est mis en avant dans les publicités Tod's qui paraissent à la une des quotidiens « sérieux ». Au-dessous d'un mocassin classique, le slogan dit « soixante heures de travail ». C'est l'exceptionnel que Tom Ford entend mettre en avant quand, à l'automne 2002, il lâche un des diktats dont il a le secret : « Désormais, les gens veulent des choses personnelles. » Du temps où il était le théoricien de la mondialisation du luxe, il se « vantait » de pouvoir vendre la même paire de chaussures au même moment à ses clientes de Séoul, New York et Munich. Il n'en est plus question... Désormais, chez Gucci, les hommes peuvent faire faire certaines de leurs vestes sur mesure ou dans le tissu de leur choix et les femmes sont, elles aussi, invitées à passer commande. Les sacs les plus classiques de la collection peuvent être réalisés dans les ateliers de Florence dans une taille, une matière et une couleur à choisir sur catalogue. Parallèlement sort une ligne de sacs « historiques » de la maison avec un logo particulier ! Dans la nouvelle boutique new-yorkaise de Prada, des pièces vintage rééditées sont également proposées au public. Souvent, il s'agit de pièces qui ont à peine deux ou trois ans... C'est un signe, assez farfelu, des temps. Mais peu importe, tout est bon pour prouver que l'on a de la bouteille.

*Pourquoi payer si cher ?*

## Élitistes, un point c'est tout !

Les prix élevés que l'on pratique doivent être justifiés par le côté légendaire de la maison, son histoire, son mythe. Revenir aux racines : c'est le mantra de l'époque ! Même si elles ne sont pas bien profondes. La mode était devenue une machine à consommer et à satisfaire les désirs les plus immédiats. Elle réapprend la notion du temps. La crise est décidément plus existentielle qu'économique. Il faut retrouver une raison d'être. Les stratèges, les gourous, les conseillers qui grouillent dans les couloirs des grandes maisons ne cessent de le répéter : « Nous faisons du luxe, prouvons-le ! » En avant pour l'édition limitée, le sur-mesure, la réédition ! Mais ces décisions, médiatisées avec le sens du marketing habituel des grands, sont aussi politiques que sincères. Le sur-mesure n'exclut en rien la cohabitation au sein d'une griffe avec une accessible ligne de lunettes de soleil.

Le luxe a failli et il entend racheter ses fautes. À force de se démocratiser, il a fini par être très visible. Trop, sans doute, pour les riches élégants qui ont besoin de tout sauf de « status symbols » clinquants. Les babioles à logos qui ont représenté, dans les années 1990, le comble de la branchitude leur font horreur. L'ostentatoire est désormais la chose la moins prisée du monde. En contrepartie, la mode retrouve le goût du vrai : après la vraie fourrure et les vrais diamants voici venir le vrai croco... Désormais on se bouche le nez devant les pubs porno chic ou les sacs à moins de 200 euros qui s'exposent dans les boutiques des grandes maisons. Trop vulgaires, trop accessibles. On veut de l'élitisme. Un point c'est tout !

*La mode racontée à ceux qui la portent*

Accessoirement, mais personne ne l'avouera jamais, il s'agit aussi de se distinguer à tout prix de Zara et consorts. Les secondes lignes, qui avaient assuré la croissance dans les années 1980 (souvenez-vous de Dorothée bis...), s'évanouissent. Sus à ce qui apparaît comme une version au rabais de la mode élégante ! Aux États-Unis, ces collections s'appellent les *bridge lines*, littéralement celles qui font le pont entre une griffe et le grand public parce qu'elles sont plus abordables en termes de prix et ont un plus grand nombre de points de vente. À son arrivée chez YSL, le Gucci Group supprime Variation, une collection un poil désuète mais qui avait ses fans. Devenu maître de Fendi, LVMH se débarrasse de Fendissime. On l'a vu, il n'y a pas de salut hors des lignes comme Miu Miu, Sonia ou Marc by Marc qui apparaissent comme des petits frères ou des petites sœurs de Prada, Sonia Rykiel ou Marc Jacobs. Leurs collections ont une personnalité affirmée et elles sont présentées, pour Miu Miu et Sonia, dans des boutiques rien qu'à elles. Les consommatrices n'ont pas l'impression de « déchoir » quand elles craquent. Aujourd'hui, « moins cher que le vrai », c'est Zara et rien d'autre.

La nouvelle exigence du public s'exprime là : s'il paie cher, il veut en avoir pour son argent en termes de mythe. C'est bien sur des données aussi peu rationnelles que l'imaginaire que se joue la consommation de luxe. Dans son livre *L'Ange exterminateur*[1], une biographie non autorisée de Bernard Arnault, le journaliste Airy Routier résume le

---

1. Airy Routier, *L'ange exterminateur : la vraie vie de Bernard Arnault*, Albin Michel, Paris, 2003.

*Pourquoi payer si cher ?*

débat en ces termes : « Partout les consommateurs, même les plus fortunés, ont perdu le goût de la fête et de l'achat passion. Le luxe, bien sûr, s'en ressent, puisque sa démocratisation a accru sa vulnérabilité à la conjoncture économique. À quoi s'ajoute une réalité jusque-là sous-jacente qui devient brutalement très tendance. Aux États-Unis comme en Europe, on sonne le tocsin des marques. Les vrais riches, les élites et mêmes les people s'en détournent, ou en tout cas ne veulent plus en faire la promotion en portant des vêtements griffés. C'est aussi la contrepartie de la démocratisation : lorsque les secrétaires portent des tee-shirts Dior ou voyagent avec des sacs Vuitton traditionnels, les femmes du monde et les business women cherchent à tout prix à s'en différencier. » Dur dur pour les secrétaires qui sont quand même bien inoffensives. Routier a à la fois raison et tort. Car les deux maisons qui réalisent précisément les meilleurs scores de l'année 2002 sont Dior et Vuitton. Les fleurons du groupe LVMH affichent des taux de croissance à deux chiffres... Là où les Italiens, les maîtres des années 1990, font grise mine. Comme Prada est plombé par les dettes, le Gucci Group est essoufflé par sa course aux acquisitions et aux ouvertures de boutiques.

## Dior et Vuitton, les contre-exemples

La situation est donc en tout point paradoxale. Les maisons les plus triomphantes sont celles qui font exactement tout ce que l'on dit de ne pas faire... Elles lancent des campagnes de publicité tout feu tout flamme avec même, comme chez Vuitton, la peu discrète Jennifer Lopez

*La mode racontée à ceux qui la portent*

en vedette. Elles ouvrent des boutiques dans le monde entier. De fait, même dans la tourmente, elles annoncent des chiffres de vente en pleine forme. Quant à Bernard Arnault, plus empereur du luxe que jamais, il a beau jeu de susurrer dans les interviews que l'on vient d'assister à un phénomène de « vulgarisation plutôt que de démocratisation » : « Les clients sont las des paillettes, ils deviennent de plus en plus exigeants. » Mais aussi : « Le nombre de marques qui peuvent prétendre être vraiment des marques de luxe est de plus en plus limité. » Suivez son regard condescendant vers l'Italie. Ce qu'il veut dire, peut-être, c'est que ses concurrents transalpins souffrent car ils ont voulu être trop gros sans être assez « vieux », assez légendaires.

Snobant l'air du temps, dédaignant la crise, Vuitton et Dior ignorent l'élitisme discret. Ce qui est sans doute le secret de leur exceptionnelle santé. De fait, ces deux maisons lancent des produits nouveaux. Parfums ou sacs pour Dior, montres, joaillerie ou lignes dessinées par des artistes pour Vuitton. Elles sont sans arrêt sur le devant de la scène dans une stratégie offensive qui semble ne porter qu'un seul message : « Nous sommes dans le clan de l'innovation ! » D'ailleurs Bernard Arnault met en quelque sorte la main à la pâte. Il ne sort pas sans la montre Tambour de Vuitton au poignet, un modèle dont le premier prix, autour de 1 500 euros, en fait l'entrée de gamme parfaite dans la haute horlogerie. Car même si Chanel est en tête des marques les plus connues du monde, le public identifie désormais parfaitement Vuitton et Dior, quels que soient l'âge et le milieu social.

*Pourquoi payer si cher ?*

Chez Vuitton, les gens les moins aventureux sont invités à aller vers les modèles classiques produits en quantités quasi industrielles comme le Monogram ou même le cuir Épi, relancé à grands coups de campagnes de presse. Les branchés ont tout le loisir de s'adonner aux fantaisies de Murakami qui sont plus « rares ». Contrairement aux initiés qui n'en finissent plus de s'offusquer des provoc' de Galliano, le public adooooore Dior ! C'est flamboyant, étourdissant, totalement conforme à l'idée que madame Tout-le-Monde peut se faire de la mode. Dior, comme Vuitton, c'est le luxe des années MTV. La maison se glorifie d'ailleurs du fait que, depuis l'arrivée de John, les clientes ont rajeuni de moitié. Peu importe que ce soit difficile à vérifier en chiffres. Les ados qui, dans le métro, arborent des fichus griffés « CD » avec leur jean taille basse ont sans doute une autre idée du luxe que les élégantes qui déjeunent dans des restaurants qui ressemblent à des boutiques. Qui a dit qu'il fallait être absolument snob ? D'ailleurs, même la maison Chanel ne dédaigne pas d'habiller les idoles des jeunes que sont la chanteuse pop Kylie Minogue et la rappeuse Mary J. Blige. Et elle se verrait bien vendre quelques babioles aux fans de Kylie et Mary J. Et pourtant, dans l'esprit des gens, Chanel, comme Hermès, n'est jamais descendu de son piédestal.

**Les marques de niches**

En refluant, même de manière relative, les marques vedettes des années 1990 ont sans doute créé un appel d'air. Dans lequel s'est engouffrée toute une famille de marques

*La mode racontée à ceux qui la portent*

intermédiaires. Ni historiques comme les luxueuses, ni accessibles comme Zara, elles s'imposent entre ces deux rouleaux compresseurs qui apparaissent comme les pourvoyeurs d'une mode par trop formatée. Dans cet entredeux, il y a des tas de marques avec des personnalités différentes, des mini-Zara avec plus de caractère (Comptoir des Cotonniers), aux créateurs super prestigieux (comme Dries Van Noten) en passant par les maisons de jeunes stylistes aussi malignes que talentueuses que sont Isabel Marant ou Vanessa Bruno. Tous restent indépendants, tous ont su mener leur barque à leur rythme. Si l'on met de côté Comptoir des Cotonniers, sans doute trop grand public, les autres marques sont ce que l'on appelle des succès de « niches ». Elles ont connu des réussites fulgurantes mais à une petite échelle. Leurs chiffres, évidemment, sont dérisoires si on les compare avec ceux d'un Dior ou d'un Vuitton ; mais ils sont néanmoins en progression constante. Ni Dries Van Noten, ni Isabel Marant ne deviendront jamais les rois du monde, ils n'en ont probablement aucune envie, mais en attendant ils tirent leur épingle du jeu. La niche, dit-on, c'est l'avenir.

Au Bon Marché, à Paris, le Belge Dries Van Noten rencontre ainsi un réel succès. Même si ses prix sont à la hauteur du raffinement qu'il affiche, c'est-à-dire très, très élevés. Quand arrive le moment des soldes, il n'est pas rare que sur son corner, les portants soient aussi vides que l'étal d'une boulangerie en Union soviétique aux temps de la pénurie. Dans les soldes réservés à la presse, ces braderies ultra select où seule une poignée de pros, triés sur le volet et qui se battent pour en être, est conviée, l'écrivain Chris-

242

*Pourquoi payer si cher ?*

tine Angot est toujours parmi les premières à faire son shopping. C'est dire si Dries est intello... Moins sophistiquées que Dries, les copines de la mode française, Isabel Marant et Vanessa Bruno, imposent une mode qui plaît aux filles de leur âge, trente ans et des poussières. Quelle marque indépendante n'aimerait pas, comme Isabel Marant, flirter avec les dix millions d'euros de chiffre d'affaires annuels qu'on lui attribue ? Là aussi les grands magasins se félicitent de leurs excellentes performances. À tel point que la Samaritaine, rachetée par LVMH, a construit tout son développement autour de cette cible et en a fait ses deux marques vedettes. Les responsables des rayons mode des grands magasins mettent en avant un succès générationnel. Les clientes s'identifient. Que Romane Bohringer soit fan d'Isabel Marant et que Vanessa Paradis aime Vanessa Bruno sont des choses qui leur parlent. Les nombreux portraits que la presse a publiés de ces deux jeunes femmes, mamans qui travaillent et habituées des adresses favorites des bobos, ont aussi grandement contribué à leur popularité. « Elles incarnent des figures plus humaines que Tom Ford ou John Galliano, confie une responsable. Franchement, qui peut s'identifier à une image aussi froide que celle de Tom Ford ? » Le côté rock-star des directeurs artistiques ne passe plus si bien qu'avant auprès d'un public averti qui sait décoder tous les rouages de la machine.

Ce public-là lit les journaux de mode, se tient très au courant et n'a sans doute pas forcément envie de suivre à la lettre les tendances imposées par les podiums. Effet pervers de l'hypermédiatisation de la mode, il arrive de plus

*La mode racontée à ceux qui la portent*

en plus que l'on se lasse des modèles avant même de les avoir sous les yeux en magasin. Car on les voit trop longtemps à l'avance. Même si au départ ils étaient séduisants. C'est peut-être ce qui arrive à Prada et à Gucci, qui touchent des clientes plus « pointues » que celles de Dior et Vuitton et qui doivent apprendre à s'économiser un peu pour ne pas lasser. Tout en continuant à se montrer beaucoup pour attirer les gens de mode dans leurs nombreuses et élégantes boutiques. Dilemme !

Alors, quand elles sont assez fortunées, ces filles au courant vont chez Dries Van Noten et d'autres créateurs de cette pointure. Quand elles le sont moins, elles se tournent vers Isabel Marant, Vanessa Bruno et les autres créatrices de leur âge. Leurs modèles, simples et féminins, respectent le confort et n'imposent pas des fantasmes de directeurs artistiques un peu coupés du monde dans leurs studios ouatés. Isabel Marant, Vanessa Bruno et les autres sont les petites sœurs de Sonia Rykiel ou d'Agnès b. Elles incarnent le même réalisme, la même indépendance d'esprit et suscitent la même adhésion. Un certain rêve aussi... C'est dire de quelle charge affective ces marques sont investies. Pour ces « débutantes » de la mode, elles représentent justement l'étape après Zara, sans être aussi intimidantes que Prada. Si deux filles se croisent avec le même top Zara, elles sont furieuses. Si les mêmes arborent le cabas à paillettes de Vanessa Bruno, elles se sourient car elles ont un sentiment de connivence, la délicieuse sensation d'appartenir à la même famille.

Reste, pour ces labels, à affronter l'épreuve du temps. Tous leurs prédécesseurs le savent : il faut du-rer. Tenir au-

244

*Pourquoi payer si cher ?*

delà des dix, quinze ans d'existence, ce cap au-delà duquel il est difficile de se renouveler et où l'on est souvent balayé par de plus neuf que soi. À l'instar de Sonia Rykiel qui a démarré en tricotant de la maille dans la boutique de son mari au moment de Mai 68. Et dont les pulls rayés font aujourd'hui partie de l'histoire de la mode au même titre que les tailleurs Chanel sans être sortis du temps de l'époque.

Mais résister au temps est un défi auquel les mastodontes Zara et H&M seront tôt ou tard confrontés, même si pour l'instant leur potentiel de croissance est estimé par le Centre textile de conjoncture et d'observation économique (CTCOE) à environ 20 % par an pour les trois ans à venir. Ils ont d'ailleurs sécrété leur propre poison. Ils ont instillé dans la tête des gens l'habitude du changement. Près de quinze ans après l'arrivée de Zara en France, il y a des risques pour que les gens se lassent d'une formule qu'ils connaissent trop bien et qu'ils perçoivent désormais comme « uniformisante ». D'après une étude menée en 2002 par l'IFM (Institut français de la mode), 63 % des gens trouvent que les chaînes offrent la même mode partout et 70 % regrettent cette standardisation. Déjà les spécialistes croient sentir frémir un mouvement du public vers les magasins où il y a plusieurs marques et où on peut choisir des choses originales que l'on ne verra pas forcément sur les épaules de sa voisine ou de sa collègue de bureau. Mais c'est juste un frisson... Si les règles de la mode et du luxe sont bouleversées, les chaînes s'adapteront. Elles changeront. Elles disparaîtront peut-être. Les deux secteurs, on l'a vu, ont des destins liés.

*La mode racontée à ceux qui la portent*

## Vive les pays émergents

Quoi qu'il arrive, les grands, les petits et les moyens regardent tous vers l'est ou le sud, vers ceux que les experts appellent les « pays émergents ». Dans cette liste, il y a la Chine, la Russie, l'Inde ou encore le Brésil, des pays qui sont encore pauvres mais dont certains sont en train de devenir riches. Richissimes, même. Pour ces gens-là, le luxe en général et la mode en particulier est un terrain nouveau donc excitant. Ils n'ont envie que de ça. Là où l'économie décolle, les marques de luxe ont des taux de croissance phénoménaux même si elles partent de zéro. On observe dans ces contrées lointaines des phénomènes que l'on a observés dans les nôtres il y a dix, vingt ou trente ans. La classe moyenne qui est en train d'émerger a envie de « status symbols » et n'hésite plus à s'offrir quelques produits de luxe pour (s')administrer la preuve de son aisance toute neuve. Elle se jette dans le luxe avec la ferveur des nouveaux convertis. Comme si elle avait envie d'oublier la grisaille d'un passé pas si lointain.

Quant aux nouveaux riches, ils dépensent sans compter comme pour expérimenter leur pouvoir tout neuf. Les pros du secteur adorent raconter les frasques des Russes qui viennent faire des razzias avenue Montaigne ou via Montenapoleone. Là où la plupart des touristes ont déserté – Américains, Japonais et Moyens-Orientaux en tête –, les Russes continuent de se déplacer et de se lancer dans des dépenses somptuaires. D'ailleurs, même à Moscou ou à Saint-Pétersbourg, il y a des acheteuses en série pour qui les escarpins ne se conçoivent que par dizaines de paires. Début 2003, la maison Vuitton et son P-DG Yves Carcelles

*Pourquoi payer si cher ?*

a aussi amené la presse jusqu'à Delhi où elle a ouvert, dans les locaux de l'hôtel Oberoi, ce qui est sans doute la première boutique de luxe du sous-continent.

Dans les grandes villes de ces pays émergents comme dans celles des pays occidentaux, le même phénomène est en train de se produire. Les boutiques de luxe s'agrègent dans quelques rues stratégiques dont les loyers grimpent en flèche. Dans la rue Tretiakov à Moscou ou sous les platanes de l'ex-concession française à Shanghai, Vuitton, Gucci, Prada, Dior et les autres se battent pour des mètres carrés qui se négocient au prix de l'or. Pendant qu'à Rio ou à Moscou, de grands magasins Zara à la clarté élégante s'installent dans la ferveur car ils sont précédés d'une réputation chic.

Un mouvement est lancé qui semble ne pas être près de s'arrêter... Les consommatrices de ces pays découvrent la mode avec ravissement et elles ont soif d'apprendre. À s'habiller ou à se servir des produits de beauté occidentaux. À la différence des Américaines ou des Françaises, elles ne font pas la fine bouche devant les logos bien visibles ou les pubs tape-à-l'œil. C'est si gai, si coloré, si transgressif. Seules celles qui avaient pris un peu d'avance commencent à devenir des expertes. Il y a notamment des Russes d'avant-garde qui ont commencé à voyager et à s'ouvrir au monde extérieur aux premiers jours de la Perestroïka. Celles-là sont plus raffinées, plus sélectives et elles sont déjà fans de Dries Van Noten, du vintage et du sur-mesure... Ce qui laisse encore de la marge et permettra de compenser les bouderies et les chipotages du public occidental. Le ciel est chargé mais l'horizon radieux. Les pays émergents forment un

*La mode racontée à ceux qui la portent*

eldorado où le luxe va pouvoir appliquer toutes les recettes qui ont fait fureur ces dix dernières années. Cela lui laissera du temps pour en inventer de nouvelles dans les pays qui font du surplace. La mode a encore de beaux jours devant elle.

# Conclusion

Prise entre son obsession du marketing et sa crainte de la crise, la mode, pourtant si soucieuse de son allure, est peut-être en train de se tricoter une mauvaise image. Devant sa télévision, le public regarde les défilés la mine ébahie devant tant de beauté décoiffante. Au sortir des boutiques, il n'est pas rare de croiser le regard en extase des consommatrices... Mais quand on creuse, il est assez décevant de constater qu'au fond l'extase des consommatrices n'est pas due uniquement à un élan du cœur. Elle a été pensée et calculée par des stratèges. Les belles idées qui se donnent à voir sur le podium ont été habilement mises en scène pour susciter plus de démangeaisons de la carte de crédit que d'émotions véritables. Les connaisseurs le disent. Aujourd'hui, avec la mode, on s'amuse mais on a rarement le cœur qui bat. Et la Création dans tout cela ?

Jack Lang et ses culturelles années 1980 avaient réussi à accréditer l'idée que la mode était un art, une affaire de création, un univers baroque où régnaient des visionnaires du monde contemporain. La mode entrait au musée. Elle s'inscrivait dans l'Histoire. Vingt ans plus tard, elle y est

## La mode racontée à ceux qui la portent

toujours et elle se vend dans des boutiques qui singent les galeries d'art mais ne sont ni plus ni moins que des temples de la consommation. Il est plus question aujourd'hui de colonnes de chiffres et de courbes de croissance que de bouleverser radicalement la façon dont on s'habille. La mode change tous les six mois quand la nouvelle collection arrive en boutique. Est-ce qu'elle crée pour autant autre chose que de l'argent ? Et si l'allure ne voulait plus rien dire, engloutie dans la mondialisation du style ? Là est le débat... Souvent, de nos jours, quand les connaisseurs disent « création », ils donnent l'impression de faire référence à un éden, un monde disparu.

Ils font sans doute montre d'un affreux pessimisme. Car la mode est comme le cinéma. C'est une industrie qui produit des choses dont on n'a pas un besoin vital mais dont on aurait du mal à se passer. Comme dans le septième art, il y a des majors qui produisent des blockbusters et des indépendants qui galèrent avec leurs films d'auteur. Mais avoir une vision trop manichéenne des choses est sans doute un peu court. Il n'y a pas les méchants et les bons, les puissants et les purs. Car il y a des blockbusters honteux qui se ramassent et des réalisateurs sans concession qui font des succès. Il y a des grosses machines commerciales qui procurent un plaisir inouï et des films indépendants boursouflés de prétention. Sans compter les films commerciaux putassiers qui marchent du feu de Dieu et des œuvres intimistes magnifiques à qui le système ne laisse pas leur chance.

La mode, elle aussi, a ses grands, ses petits et ses moyens, ses gros malins et ses artistes maudits, ses génies

*Conclusion*

et ses médiocres. C'est un univers comme les autres, où il ne suffit pas d'avoir des idées. Le talent n'est plus rien sans un certain réalisme commercial. Ce qui permet de ne pas désespérer. Lancer une maison aujourd'hui a tout de l'action kamikaze et pourtant il y a de belles réussites qui ne doivent rien à de grands groupes ou qui ne sont pas soutenues par de puissants financiers.

Et puis le choix aujourd'hui est si vaste, les propositions de mode si nombreuses que personne n'est condamné à être une fashion victim. Même la mondialisation à outrance des griffes de luxe et des chaînes comme Zara n'a pas suffi à imposer des uniformes. Certes, il y a des tailles basses et des mules, des fausses Jennifer Lopez et des filles classiques avec des sacs griffés un peu partout sur la planète... Mais il y a aussi des dizaines de styles différents et autant de tribus dont les contours dépassent les frontières. Les fans de Beyoncé Knowles la nouvelle princesse du R'n'B n'ont rien à voir avec les minettes folles de Marc Jacobs, qu'elles soient anglaises, italiennes ou françaises. Ce qui est nouveau au fond, c'est que tout le monde est exposé à la même diversité de choix. Du coup, chacun fait son tri avec la même liberté. Lâchez quatre filles dans une boutique Zara : elles choisiront toutes un vêtement différent. Offrez aux mêmes un sac Prada identique : il ne fera jamais le même effet.

Osons même une innocente provocation... Cette mondialisation qui affecte la mode comme elle affecte tous les domaines s'accompagne d'une certaine démocratisation des froufrous. Il y a plus de tout et à tous les prix. Le niveau monte et les gens sont souvent mieux habillés qu'autrefois.

## La mode racontée à ceux qui la portent

En tout cas, ils découvrent souvent le plaisir de se vêtir, de jongler avec les vêtements et les accessoires. La tendance, la lourde, celle dont les magazines chics se font l'écho n'est plus l'apanage des riches et célèbres puisqu'il est désormais possible de se bricoler quelque chose d'approchant avec les marques *cheap*. Ceux qui trouvent la copie décidément trop vulgaire, et qui ont de confortables moyens peuvent toujours s'approvisionner chez les créateurs belges ou japonais, puiser dans le vintage, oser le sur-mesure ou – folie ultime – confectionner, de leurs blanches mains, des tenues inédites. Tout est possible ! Pour le meilleur et pour la mode...

# Remerciements

Merci à Nathalie Rykiel, Jean-Jacques Picart, Isabella Capecce, Vincent Grégoire, Caroline de Fayet et Elsa Heizmann pour leur finesse, leur disponibilité, et leur aide en général.

Un très grand merci à Laurence Comte pour ses traductions de l'espagnol et le relais précieux qu'elle a représenté en Espagne. Et en France, un peu avant...

Merci aussi à Johanna Rouland pour son aide pour ce livre.

# Sources

*Ouvrages*

« Mode. Pouvoir et contre-pouvoir. 1 et 2 », *La revue des Deux Mondes*, août 2001.

Forden, Sara Gay, *La saga Gucci*, Paris, Lattès, 2001.

*Repères mode 2003 : visages d'un secteur*, Paris, IFM, Éditions du Regard, 2003.

Guidé, Gwenola, Hervé, Dominique, Sackrider, Françoise, *Lèche-vitrines. Le merchandising visuel dans la mode*, Paris, IFM, 2003.

Lipovestky, Gilles et Roux, Eliette, *Le luxe éternel. De l'âge du sacré au temps des marques*, coll. « Le débat », Gallimard, 2003.

Marchand, Stéphane, *Les guerres du luxe*, Fayard, 2001.

Monllor, Cecilia, *Zarapolis*, Madrid, Ediciones del Bronce, 2001.

Routier, Airy, *L'Ange exterminateur : la vraie vie de Bernard Arnault*, Paris, Albin Michel, 2003.

Weisberger, Lauren, *The Devil wears Prada*, Doubleday, 2003.

*Presse*

Il est impossible de citer tous les articles de journaux qui ont servi à documenter cet ouvrage. Ceux auxquels il est fait explicitement référence sont cités dans le texte. Mais « raconter » la mode n'aurait pas été possible sans la lecture :

– assidue du quotidien *Le Monde*. Aussi bien les articles de Laurence Benaïm et Anne-Laure Quilleret, dans les pages « Mode » et le supplément « La mode en capitales », que ceux consacrés au secteur du luxe dans la rubrique « Économie » du journal ;

– régulière des articles de Suzie Menkes dans l'*International Herald Tribune* et du quotidien *Women's Wear Daily* ;

– curieuse, gourmande et amusée de toute la presse de mode anglo-saxonne, notamment les éditions américaine et anglaise de *Vogue* ainsi que *Harper's Bazaar* ;

– et bien sûr, sans cinq ans de travail au sein de la rédaction de *Elle*.

*Entretiens réalisés (pour le journal* Elle*)*

Tom Ford en décembre 2000 et en juillet 2001.

Suzie Menkes en juillet et septembre 2001.

Bernard Arnault et Marc Jacobs en novembre 2002.

*Télévision*

« Zara : le milliardaire secret de la mode », un reportage de Gilles Delbos dans « Chic et pas cher », une émission de *Capital* (M6) diffusée le 9 mars 2003.

« Anatomie d'un magasin », un documentaire de Loïc Prigent sur le magasin Colette diffusé sur Canal + le 3 avril 2003.

# Table des matières

| | |
|---|---|
| Avant-propos | 9 |
| 1. Est-ce que la mode a la migraine ? | 13 |
| 2. Est-ce que Tom Ford a vraiment fait cette paire d'escarpins Gucci pour moi ? | 45 |
| 3. Pourquoi, sur les podiums, tout a l'air im-por-table ? | 71 |
| 4. Mais que fait donc cette pub Chanel dans mon abribus ? | 93 |
| 5. Pourrai-je un jour déguster des biscuits Christian Dior ? | 115 |
| 6. Est-ce que le shopping est devenu le but ultime de l'existence ? | 139 |
| 7. Est-ce que la haute couture ne sert plus qu'à habiller (gratuitement) les vedettes ? | 157 |
| 8. Puis-je vraiment m'habiller chez Zara comme chez Prada ? | 179 |
| 9. Est-ce que Zara emploie des espions ? | 205 |
| 10. Pourquoi payer si cher ? | 231 |
| Conclusion | 249 |
| Remerciements | 253 |
| Sources | 254 |

*Ce volume a été composé
par IGS-Charente Photogravure (Charente)
et achevé d'imprimer en septembre 2003
par Bussière **Camedan** Imprimeries
à Saint-Amand-Montrond (Cher)*

N° d'édition : 44136 — N° d'impression : 034318/4
Dépôt légal : septembre 2003
*Imprimé en France*

ISBN : 2-01-235575-7